Ronald Britton, Michael Feldman, John Steiner
Groll und Rache in der ödipalen Situation
Beiträge der Westlodge-Konferenz 1995

Perspektiven kleinianischer Psychoanalyse

Band 1

herausgegeben von
Claudia Frank und Heinz Weiß

Ronald Britton
Michael Feldman
John Steiner

Groll und Rache in der ödipalen Situation

Aus dem Englischen von
Claudia Frank
Helga Weßner
Hermann Erb
Heinz Weiß

edition diskord

Die Deutsche Bibliothek – CIP-Einheitsaufnahme
Groll und Rache in der ödipalen Situation : [Beiträge der Westlodge-Konferenz 1995] / Ronald Britton ; Michael Feldman ; John Steiner. Aus dem Engl. von Claudia Frank ... - Tübingen : Ed. diskord, 1997
(Perspektiven kleinianischer Psychoanalyse ; Bd. 1)
ISBN 3-89295-617-0

Computer-Satz: Anne Schweinlin, Tübingen
Druck: Fuldaer Verlagsanstalt
ISBN 3-89295-617-0

Inhalt

Editorial

Der vorliegende Band mit den Vorträgen und Diskussionen der ersten Westlodge-Konferenz, die 1995 in London stattfand, leitet eine Buchreihe zur Theorie und Technik der kleinianischen Psychoanalyse ein. Sie trägt dem in den letzten Jahren gestiegenen Interesse an kleinianischen Konzepten Rechnung und wird unter unserer Herausgeberschaft in loser Folge erscheinen. Der wissenschaftliche Beirat mit Analytikern aus London (R. Britton, M. Feldman, E. Bott Spillius, J. Steiner) und der BRD (H. Beland, R. Cycon, U. v. Goldacker, J. Gutwinski-Jeggle, H. Hinz, R. Kennel, H. Schoenhals, K. Wilde) steht uns dabei beratend zur Seite.

Fragt man nach den Hintergründen für das wachsende Interesse an kleinianischer Theorie und Behandlungstechnik, so dürften diese vielfältig sein. Aus deutscher Sicht lohnt es vielleicht zu fragen, warum eine solche Aufnahme – im Gegensatz zu anderen Ländern – hierzulande erst so spät stattgefunden hat. Was die Rezeptionsgeschichte des Werkes von Melanie Klein anbelangt, so hat Ruth Cycon (1995) in ihrem Vorwort zu den »Gesammelten Schriften« auf wichtige Zusammenhänge aufmerksam gemacht: Die weitgehende Nicht-Rezeption Melanie Kleins in den ersten Jahrzehnten im Nachkriegsdeutschland – M. Klein hatte 1921 bis 1926, von Budapest kommend, in Berlin ihre Technik der Kinderanalyse entwickelt – wird von Cycon mit den furchtbaren Taten in Hitler-Deutschland in Zusammenhang gebracht.[1] Sie hebt hervor, daß die von Melanie Klein entdeckten »grausam-destruktiven, psychotischen Phantasien des Zerstückelns, Zerreißens, des Beraubens und Entleerens, des Verbrennens (durch Urin), des Vergiftens (durch Exkremente), des Vergasens (durch Darmgase) und der totalen Vernichtung des

[1] Siehe hierzu u. a. Beland (1988), Wilde (1987).

durch exzessive Projektion absolut böse gewordenen Objekts, deren inhaltliche Beschreibung Entsetzen, Ablehnung und feindselige Abwehr hervorgerufen hatte« (S. XII), in Deutschland Wirklichkeit geworden waren. Wie aus klinischen Erfahrungen bekannt, hätten die zu Handlungen gewordenen Phantasien langer Zeit bedurft, um der nicht wiedergutzumachenden Schuld ins Auge zu sehen.

Doch bereits in ihren Berliner Jahren war Kleins Arbeit bei vielen auf Skepsis und Ablehnung gestoßen, was – nach dem Tod ihres Lehranalytikers Karl Abraham – einer der Gründe für ihre Übersiedlung nach London (1926) darstellte. Man kann annehmen, daß die Ablehnung z. T. auf die beunruhigende Konfrontation mit frühinfantilen Ängsten und destruktiven Impulsen zurückzuführen ist (vgl. Cycon, S. XI) und daß die Kleinsche Theorie, die diese Phantasien so direkt thematisiert, in stärkerem Ausmaß als die Psychoanalyse im allgemeinen eine alarmierende Bedrohung bedeutet hat und weiterhin bedeutet. Eine eingehende Untersuchung dieser Verhältnisse in den zwanziger Jahren steht aber noch aus.

Während es im Nachkriegsdeutschland zwar relativ früh – z. B. durch einen der bedeutendsten Analytiker dieser Zeit, Wolfgang Loch – vereinzelte Rezeptionen von Klein, Rosenfeld und Bion gab (deren Arbeiten waren z. T. ab Mitte der fünfziger Jahre von Mitscherlich in der »Psyche« zugänglich gemacht worden), so erwuchs ein breiteres Interesse, die klinischen Erfahrungen vor diesem Hintergrund zu reflektieren, erst in den letzten Jahren. In den sechziger und siebziger Jahren war die Psychoanalyserezeption in Deutschland noch vorwiegend an den in den Vereinigten Staaten entwickelten ichpsychologischen Konzepten orientiert. Paradoxerweise wurde deshalb für manche Analytiker kleinianisches Gedankengut gerade über diesen Weg – wie z. B. durch das Werk Kernbergs – reimportiert. Andererseits hatten sich bereits frühzeitig einzelne Analytiker um einen Erfahrungsaustausch mit britischen Kollegen bemüht. So lud beispielsweise Wolfgang Loch Hans A. Thorner mehrmals nach Tübingen ein;

der darüber entstandene Kontakt wurde anschließend u. a. von v. Goldacker und Wilde weiter gepflegt. Helen Schoenhals hat das Entstehen von Supervisionsgruppen, zunächst mit H. Rosenfeld, später mit weiteren englischen kleinianischen Analytikern in ihrer Arbeit »Kleinian Supervision in Germany: A Clinical Example« (1994) dargestellt.

Neben der gestiegenen Bedeutung von narzißtischen und Borderline-Störungen dürfte es vor allem die innovative theoretische Kraft, verbunden mit der starken klinischen Orientierung kleinianischer Konzepte gewesen sein, welche eine zunehmende Aufnahmebereitschaft motivierte. Diese fand ab Ende der 80er Jahre in deutschsprachigen Übersetzungen der beiden Bände »Melanie Klein heute« (Spillius 1988) sowie wichtiger Werke Bions (1962, 1963), Josephs (1989), Meltzers (1965, 1984), Rosenfelds (1987), Segals (1981) und anderer Autoren ihren Niederschlag, nachdem Segals Buch »Melanie Klein. Eine Einführung in ihr Werk« (1964) bereits 1974 und Rosenfelds Band »Zur Psychoanalyse psychotischer Zustände« (1965) 1981 in deutscher Sprache erschienen waren. Als Indiz für die verspätete Rezeption kleinianischen Denkens im deutschen Sprachraum ist sicherlich der Umstand zu werten, daß die Gesammelten Schriften Kleins erst jetzt durch Ruth Cycon unter der Mitwirkung von Hermann Erb in deutscher Sprache zugänglich werden.

Betrachtet man diese Phänomene im historischen Kontext, so ist die Zerstörung der Psychoanalyse im Dritten Reich[2] sicherlich auch heute noch zu spüren. Aus diesem Grund sind wir auf den Austausch mit internationalen Zentren der Psychoanalyse, unter denen London eines der wichtigsten darstellt, besonders angewiesen. Um – über die Arbeit in Supervisionen und Fallseminaren hinaus – zu diesen Entwicklungen eine Brücke zu schlagen, wurde die vorliegende Buchreihe konzipiert. Sie soll

[2] Siehe hierzu u. a Appy (1989), Brecht et al. (1985), Eickhoff (1995), Jappe (1995).

dazu beitragen, die entsprechenden Konzepte, ausgehend von den Erfahrungen der analytischen Situation, in ihren Weiterentwicklungen und technischen Implikationen kennenzulernen. Von daher bot sich die Westlodge-Konferenz 1995 zur Eröffnung dieser Reihe an, da die Initiatoren Ronald Britton, Michael Feldman und John Steiner damit ein Forum bieten wollten für diejenigen Analytiker vom »Kontinent«, die ansonsten vor allem durch Fallbesprechungen mit den englischen Kleinianern verbunden sind, um über diese Supervisionsarbeit hinaus bestimmte Facetten kleinianischer Konzeptualisierungen und Technik zu diskutieren.

Tübingen und Würzburg, Januar 1997

Claudia Frank
Heinz Weiß

Literatur

Appy, G. (1989): Kollektivschuld und Verantwortlichkeit. Ztschr. f. psychoanal. Theorie und Praxis, 4, 199–224.

Beland, H. (1988): How they know themselves. Confronting the past: A contribution to the history of the German Psychoanalytic Association. Psychoanal. and Contemp. Thought, 11, 267–285.

Bion, W. R. (1962): Learning from experience. London: Heinemann. Deutsch: Lernen durch Erfahrung. Frankfurt/Main: Suhrkamp 1990.

– (1963): Elements of Psycho-analysis. London: Heinemann. Deutsch: Elemente der Psychoanalyse. Frankfurt/Main: Suhrkamp 1992.

Brecht, K. et al. (1985): »Hier geht das Leben auf eine sehr merkwürdige Art weiter ...«. Zur Geschichte der Psychoanalyse in Deutschland. Hamburg: Verlag Michael Kellner.

Cycon, R. (1995): Vorwort zur deutschen Ausgabe der Gesammelten Schriften. In: Melanie Klein. Gesammelte Schriften (hrsg. v. R. Cycon unter Mitarbeit von Hermann Erb), Bd. 1. Stuttgart, Bad Cannstatt: frommann-holzboog.

Eickhoff, F.-W. (1995): Über die Herausforderung der Nachkriegszeit aus der Sicht eines Analytikers der Deutschen Psychoanalytischen Vereinigung. In: L. Hermanns (Hrsg.): Spaltungen in der Geschichte der Psychoanalyse. Tübingen: edition diskord, 120–140.

Jappe, G. (1995): Tradition – Identifikation – Imitation. Versuch über psychoanalytische Identität in der Bundesrepublik Deutschland. In: J. P. Haas u. G. Jappe (Hrsg.): Deutungs-Optionen. Tübingen: edition diskord, 408–436.

Joseph, B. (1994): Psychic Equilibrium and Psychic Change. London: Routledge 1989. Deutsch: Psychisches Gleichgewicht und psychische Veränderung. Stuttgart: Klett-Cotta.

Meltzer, D. (1967): The psychoanalytic process. London: Heinemann. Deutsch: Der psychoanalytische Prozeß, Stuttgart: Verlag Internationale Psychoanalyse 1995.

– (1984): Dream life. Perthshire: Clunie Press. Deutsch: Traumleben. München: Verlag Internationale Psychoanalyse 1988.

Rosenfeld, H. A. (1965): Psychotic states. A psycho-analytical approach. New York: International Universities Press. Deutsch: Zur Psychoanalyse psychotischer Zustände. Frankfurt/Main: Suhrkamp 1981.

– (1987): Impasse and interpretation. London: Tavistock Publications. Deutsch: Sackgassen und Deutungen. München: Verlag Internationale Psychoanalyse 1990.

Schoenhals, H. (1994): Kleinian supervision in Germany: A Clinical Example. Psychoanal. Inquiry 14, 451–461.

Segal, H. (1964): Introduction to the Work of Melanie Klein. London: Hogarth Press. Deutsch: Melanie Klein. Eine Einführung in ihr Werk. Frankfurt/Main: Fischer 1974.

– (1981): The Work of Hanna Segal. A Kleinian approach to clinical practice. New York: Jason Aronson. Deutsch: Wahnvorstellungen und künstlerische Kreativität. Ausgewählte Aufsätze. Stuttgart: Klett-Cotta 1992.

Spillius, E. (Hrsg.) (1988): Melanie Klein today. Developments in theory and practice. Vol. 1: Mainly theory. Vol. 2: Mainly practice London: Tavistock Publications. Deutsch: Melanie Klein heute. Entwicklungen in Theorie und Praxis. Bd. 1: Beiträge zur Theorie. München, Wien: Verlag Internationale Psychoanalyse 1990. Bd. 2: Anwendungen. Weinheim: Verlag Internationale Psychoanalyse 1991.

Wilde, K. (1987): Einige Gedanken, die sich an H. Rosenfelds Vortrag »Narzißmus und Aggression« im November 1984 vor der DPV anschließen, in dem, so scheint mir, zugleich eine Deutung, die Deutsche besonders angeht, enthalten war. DPV-Informationen 2, 15–19.

Einführung

In gewisser Weise bildet das Nachdenken über die Psychodynamik des Grolls in der analytischen Situation den gemeinsamen Ausgangspunkt der drei hier abgedruckten und diskutierten Arbeiten von Ronald Britton, Michael Feldman und John Steiner.

Sie knüpfen damit an Überlegungen an, wie sie Freud (1916d) in seinem Aufsatz »Einige Charaktertypen aus der psychoanalytischen Arbeit« angestellt hatte. Er charakterisiert darin einen Typus von Patienten, dem es schwer fällt, den durch die analytische Arbeit auferlegten Verzicht zu ertragen. Diese Patienten beanspruchen für sich, eine »Ausnahme« zu bilden, sie sagen, sie hätten »genug gelitten und entbehrt«, sie hätten »Anspruch darauf, von weiteren Anforderungen verschont zu werden (...), denn sie seien *Ausnahmen* und gedenken es auch zu bleiben« (S. 366). Freud charakterisiert die diesen Patienten gemeinsame psychische Eigentümlichkeit wie folgt: »Ihre Neurose knüpfte an ein Erlebnis oder an ein Leiden an, das sie in den ersten Kinderzeiten betroffen hatte, an dem sie sich unschuldig wußten und das sie als eine ungerechte Benachteiligung ihrer Person bewerten konnten. Die Vorrechte, die sie aus diesem Unrecht ableiteten, und die Unbotmäßigkeit, die sich daraus ergab, hatten nicht wenig dazu beigetragen, um die Konflikte, die später zum Ausbruch der Neurose führten, zu verschärfen« (S. 366f.). Nach einigen Hinweisen auf Patienten mit einer entsprechenden Problematik greift er »auf jene von dem größten Dichter geschaffene Gestalt« zurück, »in deren Charakter der Ausnahmsanspruch mit dem Momente der kongenitalen Benachteiligung so innig verknüpft und durch dieses motiviert ist« (S. 367) – Shakespeares Richard III. Schließlich kommt er darauf zurück – was auch der Tenor der hier vorgestellten Arbeiten ist –, »daß wir selbst so werden könnten wie Richard, ja daß wir es in kleinem Maße bereits sind« (S. 369). »Wir glauben alle Grund zu haben, daß wir mit Natur und Schicksal wegen kongenitaler und infantiler Benachteiligung grollen; wir fordern alle Entschädigung für frühzeitige Kränkungen unseres Narzißmus, unserer Eigenliebe« (S. 369). Auf einen möglichen Ausgang solcher Kränkungen hatte Freud bereits zehn Jahre vorher in der posthum veröffentlichten Arbeit »Psychopathische Personen auf der Bühne« (1942a) hingewiesen, in der er den Heldentypus des »Aufrührer(s) gegen Gott oder ein Göttliches« beschreibt, der »aus dem Elendsgefühl des Schwächeren (...) masochistische Befriedigung und direkten Genuß« (S. 657 f.) bezieht.

Die Natur dieser narzißtischen Kränkungen und der pathologischen Entwicklungen, die aus ihnen resultieren, wird in den vorliegenden Arbeiten erkundet. In der inzwischen erfolgten Weiterentwicklung von Freuds Diktum der Zentralität des Ödipuskomplexes stellt die (früh)ödipale Situation eine Konstellation dar, in der sich die Auswirkungen solcher Kränkungen besonders eindrucksvoll manifestieren (vgl. Lang 1996). Ihre Abwehr kann zum Aufbau komplexer Abwehrorganisationen führen, die u. a. von Gefühlen des Grolls, des Ressentiments und der Rache geprägt sind.

Unter den Vorläufern zu diesen Überlegungen sei hier nur die Arbeit J. Rivieres »Beitrag zur Analyse der negativen therapeutische Reaktion« (1936) erwähnt. Ihr geht es darin um Patienten, die fortwährend die Projektion aufrechterhalten, daß die Verhältnisse »gegen sie« waren und – so könnte man Riviere ergänzen – auch weiterhin gegen sie sind (S. 140). Die Möglichkeit eines therapeutischen Scheiterns führt sie u. a. auf die Unfähigkeit des Analytikers zurück, das Material zu verstehen und es im Zusammenhang mit der Übertragungssituation umfassend zu deuten. Auf seiten des Patienten sieht sie den Mangel an Einsicht in starken narzißtischen Widerständen begründet, welche Teile »eines hochorganisierten Abwehrsystems gegen einen mehr oder weniger unbewußten depressiven Zustand des Patienten darstellen, der durch diese Widerstände maskiert oder verborgen wird« (S. 142). Eine Quelle seiner unerträglichen Qualen und

Schuldgefühle sieht sie in einer bestimmten Art von »Liebe« des Patienten gegenüber seinen inneren Objekten, die durch Grausamkeit und starke unbewußte Haßgefühle kontaminiert ist und es notwendig erscheinen läßt, »daß er sein eigenes Leben opfert, um das ihre zu retten« (S. 155). Diese Liebe »bedeutet seinen Tod, und das macht diesen Widerstand so hartnäckig« (ebd.). In gewisser Weise könnte man sagen, daß die vorliegenden Arbeiten von Britton, Feldman und Steiner die Natur dieser »Liebe« und der inneren Objekte untersucht, u. a. inwieweit sie in perverser Weise vom Todestrieb dominiert wird.

Daß übermäßiger Groll, der aus frühen Enttäuschungssituationen stammt und nicht durchgearbeitet werden kann, zu einer tiefreichenden Störung aller späteren »Substitute« und der persönlichen Beziehungen des Patienten führt, hatte bereits Klein (1960, S. 268) betont. An anderer Stelle weist sie darauf hin, daß diese Situation durch die Projektion von Grollgefühlen, welche in anderen Feindseligkeit auslöst, noch weiter kompliziert werden kann: »Wenige von uns sind tolerant genug, sich mit der Anklage abzufinden, selbst wenn sie unausgesprochen bleibt, daß wir auf die eine oder andere Weise die schuldige Partei sind. Tatsächlich sehen wir uns oft veranlaßt, solche Menschen abzulehnen, wodurch wir ihnen noch mehr als Feinde erscheinen. In der Folge betrachten sie uns mit verstärktem Mißtrauen und Verfolgungsgefühlen, was zu immer gestörteren Beziehungen führt« (Klein 1959, S. 257, Übers. H. W.). Dies führt in Übertragung und Gegenübertragung zu außerordentlich schwierigen Konstellationen, wie sie von Rosenfeld (1971, 1987), Joseph (1975, 1985) u. a. Autoren beschrieben wurden.

An diese Überlegungen knüpfen die hier präsentierten Beiträge Brittons, Feldmans und Steiners an. Die Autoren können dabei auf eigene Arbeiten zurückgreifen, wie sie dem deutschen Publikum u. a. anläßlich der Arbeitstagung der DPV 1988 in Wiesbaden vorgestellt wurden. Die damals gehaltenen Vorträge bereiten gewissermaßen das Thema der ersten Westlodge-Konferenz vor:

Ronald Brittons Referat »Zwischen innerer und äußerer Realität: ›Die Borderline-Position‹« hatte in Auseinandersetzung mit dem Werk Bions zu grundlegenden Überlegungen zur Struktur des Ödipuskomplexes, der Wahrnehmung der Wirklichkeit und der depressiven Position geführt (Britton 1989, 1992a, b, 1993, 1994a, b, c). Der hier abgedruckte Vortrag »Second Thoughts on the Third Position« nimmt besonders auf seine frühere Arbeit »The Missing Link: Parental Sexuality in the Oedipus Complex« (1989) Bezug. Darin beschreibt er zwei klinische Situationen, in denen der Ödipuskomplex in der Übertragung entweder unsichtbar bleibt oder aber nur verzerrt erscheint. Britton führt dies auf eine unzureichende Verinnerlichung der triangulären ödipalen Situation zurück, mit der Folge, daß das Auftauchen des dritten Objekts immer als tödliche Bedrohung gegenüber einer Zweierbeziehung erscheint: entweder des Vaters gegenüber Mutter und Kind oder des Kindes gegenüber dem elterlichen Paar. Um solche mörderischen Phantasien abzuwehren, bleibt das dritte Objekt entweder ausgeschlossen oder aber es entsteht eine »ödipale Illusion«, welche das normale Durcharbeiten und Aufgeben des Ödipuskomplexes erschwert. Von Bedeutung ist nun, daß diese Konstellation zugleich auch die Integration von Erfahrung und Beobachtung erschwert. Britton hat diesen Aspekt vor allem in seiner Arbeit »Fundamentalismus und Idolbildung« (1993) weiter ausgearbeitet: Werden Idealität und sinnlich wahrnehmbare Realität, Denken und Sein, mütterliches und väterliches Objekt, nicht miteinander integriert, so wird das eine immer als Bedrohung des jeweils anderen erlebt. Wenn diese destruktiven Spaltungen in der Analyse aktualisiert werden, entsteht eine als ausweglos erlebte bedrohliche Situation; sie läßt den Analytiker in der Übertragung jeweils nur in *einer* von zwei Extrempositionen erscheinen. Aspekte dieses verzweifelten Konflikts, den es zunächst vom Analytiker aufzunehmen und durchzuarbeiten gilt, werden in dem vorliegenden Beitrag erkundet.

Michael Feldman hatte 1988 zum Thema »Die Abwehr gegen psychische Wahrheit. Einige technische Überlegungen« referiert.

Auch in seinen Arbeiten spielen die Spannungen und Verzerrungen der Ödipussituation eine wichtige Rolle (Feldman 1989, 1991, 1992, 1994). Feldman konzentriert sich dabei vor allem auf das innere Modell der exklusiven Beziehung und beschreibt, wie verschiedene Versionen dieses Modells innerhalb der analytischen Situation reinszeniert und projiziert werden. Daraus gehen z. T. sehr komplizierte Übertragungsverhältnisse hervor, in denen der Analytiker dazu gedrängt wird, bestimmte Rollenaspekte dieses inneren Modells zu übernehmen. »Wenn der Analytiker beruhigen soll«, lautet der Titel einer Arbeit Feldmans (1993), in der er beschreibt, wie der Mechanismus der Beruhigung ins Spiel gebracht wird, wenn in der Übertragung besonders angstbeladene Beziehungsaspekte erscheinen, welche das bisher bestehende psychische Gleichgewicht des Patienten bedrohen. So beschreibt Feldman eine Konstellation, in der der Analytiker dazu gedrängt werden soll, die Rolle einer gütigen, liebevollen Mutter zu übernehmen, um die ängstigende Beziehung zu einer ablehnenden Mutter abzuspalten und zu verleugnen. In einer anderen Konstellation kann der Analytiker in die Rolle eines sadistischen Vaters gedrängt werden, um die gütigen Elemente abzuspalten und daraus sadomasochistische Befriedigung zu ziehen. In dem hier abgedruckten Vortrag »Grievance: The Underlying Oedipal Configuration« führt Feldman diese Überlegungen weiter und entwikkelt die Vorstellung, daß Groll der Aufrechterhaltung ödipaler Illusionen und damit der Abwehr der psychischen Realität des Ödipuskomplexes dient. Nur wenn diese Illusionen in der Übertragung durchgearbeitet und betrauert werden können, erscheint die Realität der Ödipussituation nicht – wie im Mythos – als tödliche Bedrohung.

Eine Neuinterpretation der beiden Ödipustragödien des Sophokles hatte John Steiner auf der Wiesbadener Tagung 1988 vorgelegt. Im Gegensatz zur klassischen Version des Ödipusstoffes, die Ödipus als Opfer eines tragischen Schicksals sieht, geht Steiner davon aus, daß Ödipus über ein Halbwissen um seine verhängnisvollen Taten verfügt, sich aber davon abwendet. Dieser Mechanismus des »Ein-Auge-blind-Machens« bzw. »-Verschließens«[1], wie es Steiner (1985) nennt, ist für perverse Organisationen typisch und erlaubt es, einander widersprechende Versionen der Wirklichkeit miteinander zu verbinden. Steiner kann sich hier auf Freuds Fetischismusarbeit (1927e) beziehen, in der Freud schildert, wie die Wirklichkeit des Geschlechtsunterschiedes zugleich anerkannt und heimlich verleugnet wird. Die Schöpfung des Fetisch-Objekts überbrückt diese Spaltung und stellt zwischen beiden Versionen eine kunstvolle Verbindung her. In der zweiten Tragödie »Ödipus auf Kolonos« sieht Steiner dagegen einen Rückzug von der Wahrheit zur Omnipotenz – und damit den Rückgriff auf eine psychotische Lösung, welche zu einer Verleugnung der Realität und – dargestellt in der Selbstblendung des Ödipus – zu einem Angriff auf das eigene Wahrnehmungsvermögen führt (Steiner 1990b, vgl. a. Steiner 1991). In Weiterführung der Untersuchungen Rosenfelds (Steiner 1989b) sind Steiners Arbeiten von einem Nachdenken über pathologische Persönlichkeitsorganisationen geprägt, die er als perverse Beziehungen zwischen Teilen des Selbst konzipiert (Steiner 1979, 1982, 1987, 1989a, 1990a, c, 1992). Steiner hat seine diesbezüglichen Überlegungen in seinem Buch »Psychic Retreats« (1993a) theoretisch ausgearbeitet und daraus entsprechende behandlungstechnische Schlußfolgerungen abgeleitet (Steiner 1993b, vgl. a. Weiß 1994, 1994/95). Unter den pathologischen Persönlichkeitsorganisationen beschreibt er eine Spielart, die von chronischen Gefühlen des Grolls und Ressentiments beherrscht wird und dazu führt, daß weder ein offener Angriff auf das Objekt, noch eine Auseinandersetzung mit Gefühlen der Trauer und der Schuld stattfinden kann. Eine solche Situation wird in dem hier abgedruckten Vortrag »Revenge and Resentment in the Oedipal Situation« paradigmatisch an Stevensons Erzählung »Kidnapped« aufgewiesen.

[1] ›To turn a blind eye‹, wörtlich: »ein blindes Auge auf etwas richten«, meint ein willentliches Nichtwissenwollen.

Unser Dank gilt an erster Stelle den drei Autoren und Initiatoren der Westlodge-Konferenz sowie dem Melanie Klein Trust für die Mitarbeit und Unterstützung dieses Projekts. Ebenso danken wir R. Rusbridger, der die Transkripte der Diskussion überarbeitet hat sowie Herman Erb und Helga Weßner, die einen Teil der Übersetzungsarbeit übernommen haben. Zu besonderem Dank sind wir Dagmar und Gerd Kimmerle verpflichtet, die den Anstoß für diese Reihe gaben und ihre Realisierung geduldig unterstützt und gefördert haben.

Tübingen und Würzburg im Januar 1997

Claudia Frank
Heinz Weiß

Literatur

Britton, R. S. (1989): The missing link: parental sexuality in the Oedipus complex. In: Britton, R. S. et al (Hrsg.): The Oedipus Complex Today. London (Karnac), 83–101

– (1992 a): The Oedipus situation and the depressive position. In: R. Anderson (Hrsg.): Clinical Lectures on Klein and Bion. London: (Routledge), 34–45

– (1992 b): Keeping things in mind. In: R. Anderson (Hrsg.): Clinical Lectures on Klein and Bion. London: (Routledge), 102–115

– (1993): Fundamentalismus und Idolbildung. In: J. Gutwinski-Jeggle, J. M. Rotmann (Hg.): »Die klugen Sinne pflegend«. Psychoanalytische und kulturkritische Beiträge. Tübingen: (edition diskord), 100–119

– (1994 a): The blindness of the seeing eye: Inverse Symmetry as a defence against reality. Psychoanal. Inquiry, 14, 365–378

– (1994 b): Publication anxiety: conflict between communication and affilation. Int. J. Psycho-Anal., 75, 1213–1224

– u. Steiner, J. (1994): Interpretation: selected fact or overvalued idea? Int. J. Psycho-Anal., 75, 1069–1078

– (1995 a): Wirklichkeit und Unwirklichkeit in Phantasie und Dichtung. Jahrbuch der Psychoanalyse, 35, 9–33

– (1995 b): Psychic reality and unconscious belief. Int. J. Psycho-Anal., 76, 19–23

Feldman, M. (1989): The Oedipus complex: manifestations in the inner world and the therapeutic situation. In: R. S. Britton, M. Feldman and E. O'Shaughnessy (Hrsg.): The Oedipus Complex Today. London (Karnac), 103–128
– (1990): Common ground: the centrality of the Oedipus Complex. Int. J. Psycho-Anal., 71, 37–48
– (1992 a): The manifestation of the object in the transference. Psychoanalysis in Europe, Bulletin 39, 69–85. Deutsch: Die Manifestation der Objekte in der Übertragung. EPF-Bulletin 39, 71–88
– (1992 b): Splitting and projective identification. In: R. Anderson (Hrsg.): Clinical Lectures on Klein and Bion. London (Routledge)
– (1993): Wenn der Analytiker beruhigen soll. In: J. Gutwinski-Jeggle, J. M. Rotmann (Hrsg.): »Die klugen Sinne pflegend«. Psychoanalytische und kulturkritische Beiträge. Tübingen (edition diskord), 120–138
– (1994): Projective identification in phantasy and enactment. Psychoanal. Inquiry, 14, 423–440
Freud, S. (1916 d): Einige Charaktertypen aus der psychoanalytischen Arbeit. GW 10, 363–391
– (1927 e): Fetischismus. GW 14, 309–317
– (1942 a): Psychopathische Personen auf der Bühne. GW Nachtragsband, 655–661
Joseph, B. (1991 [1975]): Der unzugängliche Patient. In: E. Bott Spillius (Hrsg.): Melanie Klein heute. Bd. 2. Weinheim (Verlag Internationale Psychoanalyse), 65–83
– (1991 [1985]): Übertragung – Die Gesamtsituation. In: E. Bott Spillius (Hrsg.): Melanie Klein heute. Bd. 2, 84–100
Klein, M. (1975 [1959]): Our adult world and its roots in infancy: In: Dies.: envy and gratitude and other works 1946–1963. London (Karnac), 247–263
– (1975 [1960]): On mental health. In: Dies.: Envy and gratitude and other works 1946–1963. London (Karnac), 268–274
Lang, H. (1996): Neuere Überlegungen zur Struktur des Ödipuskomplexes in Neurose, Psychose und Perversion – in Anlehnung an die Würzburger Vorträge von Claudia Happel, Melanie Klein und Felix Boehm, in: Weiß, H., Lang, H. (Hg.): Psychoanalyse heute und vor 70 Jahren. Zur Erinnerung an die »1. Deutsche Zusammenkunft für Psychoanalyse am 11. und 12. Oktober 1924 in Würzburg. Tübingen: edition diskord, 183–195

Riviere, J. (1996 [1936]): Beitrag zur Analyse der negativen therapeutischen Reaktion. In: L. Gast (Hrsg.): Joan Riviere, Ausgewählte Schriften. Tübingen (edition diskord), 138–158

Rosenfeld, H. (1990 [1971]): Beitrag zur psychoanalytischen Theorie des Lebens- und Todestriebes aus klinischer Sicht: Eine Untersuchung der aggressiven Aspekte des Narzißmus. In: E. Bott Spillius (Hrsg.): Melanie Klein heute. Bd. 1. München (Verlag Internationale Psychoanalyse), 299–319

Steiner, J. (1979): The border between the paranoid-schiziod and the depressive positions in the borderline patient. British Journal of Medical Psychology, 52, 385–391

– (1982): Perverse relationships between parts of the self: a clinical illustration. Int. J. Psycho-Anal., 63, 241–251

– (1985): Turning a blind eye. The cover-up for Oedipus. International Review of Psycho-Analysis, 12, 161–172

– (1987): The interplay between pathological organisations and the paranoid-schizoid and depressive positions. Int. J. Psycho-Anal. 68, 69–80. Deutsch: Die Wechselwirkung zwischen pathologischen Organisationen und der paranoid-schizoiden und depressiven Position. In: E. Bott Spillius (Hrsg.). (1990 [1988]) Melanie Klein heute. Bd. 1. München (Verlag Int. Psychoanalyse), 408–431

– (1989 a): The aim of psychoanalysis. Psychoanalytic Psychotherapy, 4, 109–120

– (1989 b): The psychoanalytic contribution of Herbert Rosenfeld. Int. J. Psycho-Anal., 70, 611–617

– (1990 a): Pathological organisations as obstacles to mourning: the role of unbearable guilt. Int. J. Psycho-Anal., 71, 87–94

– (1990 b): The retreat from truth to omnipotence in Oedipus at Colonus. International Review of Psycho-Analysis, 17, 227–237

– (1990 c): The defensive function of pathological organisations. In: Master clinicians on treating the regressed patient, B. L. Boyer and P. Giovacchini (Hrsg.), New York (Jason Aronson)

– (1991): A psychotic organisation of the personality. Int. J. Psycho-Anal., 72, 201–207

– (1992): The equilibrium between the paranoid-schizoid and the depressive positions. In: Clinical Lectures on Klein and Bion, Robin Anderson (Hrsg.), London (Routledge), 46–58

– (1993 a): Psychic retreats. Pathological organizations in psychotic, neurotic and borderline patients. London (Routledge)

– (1993 b): Patienten-zentrierte und Analytiker-zentrierte Deutungen. Überlegungen zu »Containment« und Gegenübertragung. In: J. Gutwinski-Jeggle, J. M. Rotmann (Hrsg.): »Die klugen Sinne pflegend«. Psychoanalytische und kulturkritische Beiträge. Tübingen (edition diskord), 222–239

Weiß, H. (1994): Rezension von J. Steiners »Psychic Retreats«. Psyche, 48, 272–278

– (1994/95): Perverse Objektbeziehungen und pathologische Organisationen der Persönlichkeit. Klinische Illustration zu J. Steiners Theorie der »Psychic Retreats«. Vortrag gehalten an der Universität Würzburg sowie am Frankfurter Psychoanalytischen Institut (Januar 1995).

John Steiner

Vergeltung und Groll in der ödipalen Situation

Seit einiger Zeit interessiere ich mich für Patienten, die in ihrem Leben und in ihrer Analyse in eine Sackgasse geraten sind und nicht mehr weiterkommen. Ich fand es hilfreich, diese Situation als einen Rückzug in Zustände zu konzeptualisieren, die ich als »seelische Rückzüge« bezeichnete (Steiner 1993). Diese Rückzugsorte bieten eine Zuflucht vor Angst und Schuld, verhindern aber einen bedeutungsvollen Kontakt und behindern die Entwicklung. Es handelt sich um psychische Zustände, die intrapsychisch auf zwei verschiedene Weisen gleichzeitig repräsentiert sind: räumlich als ein Ort relativer Sicherheit, an welchen sich der Patient zurückziehen kann – deshalb der Ausdruck seelischer Rückzug –, zwischenmenschlich als ein machtvolles Netzwerk von Objektbeziehungen in der inneren Welt des Patienten. Ich beziehe mich auf letztere, wenn ich von einer pathologischen Persönlichkeitsorganisation spreche, einem Konzept, das der narzißtischen Organisation Rosenfelds (1971) sehr verwandt ist, und das Joan Riviere bereits 1936 als ein organisiertes Abwehrsystem diskutiert hat.

Ich habe mehrere Formen eines seelischen Rückzugs beschrieben, die von verschiedenen Abwehrstrukturen beherrscht werden, darunter eine Form, in der sich das seelische Leben des Patienten um Gefühle von Ressentiment und Groll zentriert. Ich habe zu zeigen versucht, daß diese Patienten das Gefühl haben, sie oder ihre Objekte seien verletzt oder mißbraucht worden, und ich möchte verdeutlichen, daß das Unrecht von einer Art ist, daß sie sich gezwungen fühlen, Abhilfe in Form von Vergeltung zu suchen. Viele Patienten fühlen sich aus einer Reihe von Gründen unfähig, diesen Impuls nach Rache in der Realität oder in der Phantasie aktiv zu verfolgen. Infolgedessen wird der Impuls unterdrückt und oft verleugnet, so daß er sich in Ressentiment und Groll verwandelt und einen tiefgreifenden Einfluß auf die Persönlichkeit und auf die Objektbeziehungen entfaltet; manchmal ist dies auch mit psychosomatischen Symptomen verknüpft.

Die Verletzung durch erlittenes Unrecht kann nicht heilen und nagt im Inneren, vergiftet das Denken [mind] und verhindert eine Bewegung in Richtung Vergebung, die nicht zugelassen werden kann, bevor das Unrecht gerächt ist. Vergeltung ist die Antithese von Vergebung und der Patient beharrt darauf, daß das Objekt erst in Ruhe gelassen werden kann, wenn es gezwungen worden ist, das begangene Unrecht einzugestehen und zu sühnen. Das Gefühl, ein Unrecht erlitten zu haben, wird gehegt und gepflegt wie ein Baby oder eine Krankheit, wobei eine Hoffnung auf eine zukünftige Entschädigung aufrechterhalten wird (Potamianou 1992). Diese Hoffnung verstärkt die Verbindung mit dem Objekt, das oft nicht als wirklich böse empfunden wird, sondern eher wie ein gutes Objekt, das sich böse verhält und das vielleicht überzeugt werden kann, Unrecht getan zu haben, um es zu bereuen und zu sühnen.

Feldman (1995) hat beschrieben, wie Groll aufrechterhalten wird, indem er einerseits eine Quelle perverser Befriedigung bereitstellt; andererseits wird damit ein Gefühl katastrophalen Auseinanderfallens bekämpft. Solange der Patient sich als das ungerecht behandelte Opfer empfindet, ist er frei von Angst und Schuld. Wenn er aber aus diesem Rückzugsort auftaucht, um mit seinem Objekt in Kontakt zu treten und Rache zu üben, gerät diese Haltung in Gefahr und der Patient ist überzeugt, verurteilt zu werden, um entweder Schuld oder Verfolgung zu erleiden.

Kann man die Umstände, die den Wunsch nach Vergeltung aufkommen lassen, von denen unterscheiden, die andere feindselige Impulse hervorrufen, z. B. solche, die auf Neid beruhen oder auf Wut, die durch ein Versagen des Objekts hervorgerufen wird? Ein auffallendes Merkmal ist das Rechts- und Pflichtbewußtsein, der Pflichteifer und das Gerechtigkeitsempfinden, die den Rachedurst selbst bei denen begleiten, die von Haß völlig verzehrt scheinen. Manchmal kann man den Weg des Rachedurstes bis zu dem Punkt zurückverfolgen, wo er als Suche nach Gerechtigkeit beginnt, dann aber scheint er von einer maligneren Destruktivität, die unersättlich bleibt, in Dienst genommen zu werden.

Ein Beispiel dafür stellt Heinrich von Kleists Erzählung »Michael Kohlhaas« dar. Kohlhaas ist ein Pferdehändler, der sich weigert, einem Junker einen illegalen Wegezoll für die Durchquerung seines Landes zu zahlen. Der Junker hält zwei seiner Pferde zurück, während er weiterzieht, um die Sache vor eine höhere Instanz zu bringen. Bei seiner Rückkehr findet er die Pferde vernachlässigt und seinen Knecht mißhandelt vor. Indem er Genugtuung zu erzielen sucht, zerstört er sein Geschäft und seine Ehe, brennt das Schloß des Junkers nieder, ermordet seine unschuldigen Bewohner und stiftet eine Revolte an, die weite Teile des Landes in Schutt und Asche legt. Schließlich wird er für seine maßlose und gesetzlose Rache hingerichtet, obwohl seine ursprüngliche Forderung rechtens war. Es ist, als ob ein anfänglich auf Liebe basierendes Motiv von etwas dem Todestrieb Nahestehendem übernommen würde. Dieser Prozeß scheint mir mit dem zusammenzuhängen, was Spillius reuelosen Neid nennt. Dieser ist eng mit Groll verwandt und mit einer ungebändigten Destruktivität verbunden (Spillius 1993).

Der Wunsch nach Vergeltung ist deshalb komplex und beginnt oft als ein Bestreben, das gute Objekt und die gute Beziehung des Patienten zu diesem zu erhalten. In diesen Situationen wird die Bindung des Patienten an seine Primärobjekte durch eine tiefe Spaltung aufrechterhalten, in der Liebe und Treue zu einem guten Objekt die Projektion alles Bösen in einen Verfolger erfordert. Wenn das Selbst, das gute Objekt oder die Beziehung zwischen ihnen verletzt wird, scheint es das gute Objekt zu sein, das nach Vergeltung verlangt, und der Patient empfindet es als seine Pflicht, dem nachzukommen, um die verlorene gute Beziehung wiederherzustellen und zu bewahren. Der Patient fühlt sich völlig im Recht und Rache wird als eine Pflicht empfunden, die von guten elterlichen Objekten gefordert wird. Unrecht, das dem Namen der Familie angetan wurde, kann nicht ohne Schande und Schmach vergeben werden. Es ist augenfällig, daß Stolz eine wichtige Rolle dabei spielt, den Groll in diesen Situationen aufrechtzuerhalten: die Vorstellung, den Rachefeldzug zu beenden und sich auf Versöhnung zuzubewegen, ist unmöglich, bevor die Rachegelüste befriedigt sind.

Das Unrecht, das den Anlaß für die Rache gibt, kann in der Realität wie in der Phantasie unterschiedlich sein. Der Prototyp dieses Unrechts taucht jedoch in der Ödipussituation auf, die das Kind in neue Realitäten einführt, die für einen beobachtenden Erwachsenen selbstverständlich erscheinen mögen, vom Kind aber als zutiefst erschütternd erfahren werden und zu einem tiefen Gefühl von Verletzung, Ungerechtigkeit und Betrug führen können. Britton (1989, 1994) erinnert uns daran, daß die Ödipussituation, wie sie von Melanie Klein ins Auge gefaßt wurde, das miteinschließt, was Freud unter dem Stichwort der Urszene betrachtete, also die sexuelle Beziehung zwischen den Eltern, sowohl wie sie vom Kind wahrgenommen als auch wie sie phantasiert wird. Die Realität dieser Beziehung zwischen den Eltern führt ein drittes Objekt in die Zwei-Personen-Dyade ein: dies ist aus etlichen Gründen traumatisch, vor allem aber, weil es die Annahme einer exklusiven Beziehung zwischen Mutter und Kind erschüttert, die so häufig die Grundlage einer vorherigen narzißtischen Objektbeziehung bildet. Wenn die Umgebung versagt oder gestörte Erwachsene auf verletzende Weise eindringen, spielt diese offenkundig eine wichtige Rolle für das Ausmaß des Traumas, aber die Situation als solche führt unausweichlich zu Verletzung und einem Gefühl des Unrechts.

Die Wunden werden als Verletzungen des Selbst erfahren, aber auch als Angriffe gegen das idealisierte gute Objekt, gewöhnlich die Mutter, die erlebt wird, als sei sie gegen ihren Willen entführt worden. Der Schlag gegen die Omnipotenz und der Verlust der Macht, das Objekt behalten und kontrollieren zu können, wird dann als eine Kastration durch einen böswilligen und mächtigen Vater empfunden, der von Neid und Haß erfüllt ist. Eine solche Kastrationsdrohung mag zur Auflösung des Ödipuskomplexes führen, wie es Freud beschrieb (1924), dabei aber ein tiefes Gefühl von Ungerechtigkeit und Vergewaltigung hinterlassen, das den Wunsch nach Vergeltung schürt. Das Kind fühlt sich gezwungen, seine inzestuösen Wünsche in bezug auf seine Mutter wegen der grausamen Autorität des Vaters aufzugeben, aber es erkennt die Rechtmäßigkeit dieser Forderung nicht an, und obwohl es seine sexuellen Wünsche umleiten und seinen Haß und seine Vergeltung hemmen mag, bleibt es mit Gefühlen von Groll zurück, die es dazu bringen, auf eine Zeit zu hoffen, in der es Rache üben und die ihm verwehrte ödipale Befriedigung erlangen kann.

Freud beschreibt, wie das Kind eine Lösung für diese Situation findet, indem es sich mit der mißbrauchenden Figur identifiziert. Diese Situation wird gut illustriert durch Sophokles' Ödipus auf Kolonnos, worin Ödipus seine Söhne in derselben verfolgenden Weise mißhandelt, wie sein Vater ihn mißhandelte. Aus meiner Sicht stellt diese Art der Identifikation oft eine versteckte Form von Groll gegen den ursprünglichen Verfolger dar.

Das Gefühl von erlittenem Unrecht wird noch schmerzhafter, wenn die Desillusionierung der kindlichen Omnipotenz zu brutal ist: wenn zum Beispiel neidische Eltern oder Geschwister sich in das Mutter-Kind-Paar hineindrängen. Es kann auch eine Periode der Verführung durch das Primärobjekt folgen, das heimlich den Glauben des Kindes bestärkt haben mag, ödipale Intimität sei das Recht des Kindes und werde endlos weitergehen. Wenn diese Phantasie zusammenbricht, hat das Kind in der Folge das Gefühl, ein Versprechen sei gebrochen worden, so daß ihm nicht nur Unrecht geschah, sondern es auch betrogen wurde. Oft wandelt sich an diesem Punkt das Verlangen nach Gerechtigkeit in Rachsucht. Wenn das Kind glauben kann, daß seine Mutter bei diesem Verrat nur eine passive Rolle spielte, kann sie geliebt und ersehnt bleiben. Erscheinen die Eltern jedoch als Komplizen beim Verrat des Kindes, so werden beide gehaßt und beneidet.

In dieser Situation ist Selbsttäuschung kaum zu vermeiden. Gerechtigkeitssinn wird dann leicht zur Rechthaberei, da die ursprüngliche Spaltung durch die Projektion schlechter Gefühle, vor allem von Schuld, in das dritte Objekt verstärkt werden muß. Der Verrat durch die Mutter wird auf diese Weise verleugnet und der Glaube, sie werde den Irrtum ihres Weges einsehen und zu der idealisierten Beziehung zurückkehren, wird wiederaufgerichtet.

Von Haß und Neid bestimmte destruktive Organisationen kommen ins Spiel und benutzen die ursprüngliche »gerechte Sache«, um den Patienten und oft auch den Analytiker zu Forderungen nach Vergeltung zu verführen. Auf diese Weise bemächtigt sich die pathologische Persönlichkeitsorganisation der guten Motive des Patienten und redet ihm ein, daß seine guten Objekte nicht Wiedergutmachung und Vergebung von Unrecht fordern, sondern einen Rachefeldzug, der unersättlich werden kann. Der Patient fühlt sich in der Falle und unfähig, dem so entstandenen psychischen Rückzug zu entkommen.

Ich glaube, daß diese verfolgende Version des Versuchs, den Ödipuskomplex zu lösen, universal ist und einen seelischen Rückzug schafft, der auf Groll beruht. Gleichzeitig scheint mir, daß es neben dieser Lösung ein ebenfalls universales alternatives Szenario gibt, das zu Wachstum und Entwicklung führen kann, wenn der Patient aus seinem Rückzugsort wieder auftauchen kann. Man könnte dies die depressive Lösung des Ödipuskonfliktes nennen. Sie läßt den Patienten ebenfalls mit größeren Problemen zurück, mit denen er umgehen muß. Paradoxerweise wird das dann möglich, wenn der Patient die Kraft finden kann, gegen die elterliche Autorität zu rebellieren und sein Verlangen nach Vergeltung sowohl in der Phantasie als auch in einer gemäßigten Form in seinen aktuellen Beziehungen zu agieren, speziell in der Übertragung. Das setzt voraus, daß der Patient in der Lage ist, sich aus seinem Rückzugszustand hervorzubewegen und sich seinen Gefühlen gegenüber seinen Objekten zu stellen, wie sie sich in seiner Phantasie und in seinen Handlungen enthüllen.

Wenn das Kind jedoch, anstatt von einem machtvollen Vater besiegt zu werden, ihn in seiner Phantasie überwunden hat, wird ihm bewußt, daß es auch die Mutter haßte, die ihn betrog, und daß der Angriff gegen beide Eltern und speziell gegen die Beziehung zwischen ihnen gerichtet war. In seinem schlimmsten Zustand war dieser Angriff von Neid getrieben und attackierte alle Unterschiede, welche die Tatsachen des Lebens ausmachen.

Wenn der Patient an psychische Realität glaubt und das, was in der Phantasie passiert, ernst nimmt, werden die Angriffe als etwas erfahren, das tatsächlich stattgefunden hat (Britton 1995). Das Ergebnis ist, daß das Kind seine ganze Welt als zerstört empfindet und daß es sich mit der schrecklichen Erfahrung konfrontiert sieht, die nach Melanie Klein den »Verlust des guten Objekts« verkörpert. Nämlich: »Das Ich ist vollständig mit seinen guten internalisierten Objekten identifiziert und erkennt gleichzeitig seine eigene Unfähigkeit, sie vor den internalisierten verfolgenden Objekten und dem Es zu schützen und sicher zu bewahren« (Klein 1935, S. 40).

Diese Zustände sind voller Verzweiflung und verkörpern die Abgründe der Depression, die überwunden werden müssen, wenn Realität wahrgenommen werden und Entwicklung in Gang kommen soll. Wir wissen nicht sicher, was es ermöglicht, diese psychische Belastung zu ertragen, aber das Dilemma taucht in der Übertragung auf, wenn der Patient versucht, eine Alternative zu der Sackgasse zu entwickeln, die der auf Ressentiment beruhende psychische Rückzug darstellt. Wenn er aus dem Rückzug auftaucht, um sich der aktuellen psychischen Realität zu stellen, kommt er nicht umhin, anzuerkennen, daß er in seiner Phantasie seine guten Objekte in Racheakten angegriffen und vernichtet hat, so daß er in einer zerstörten Welt zurückbleibt. Nur dann kann er sich der Aufgabe stellen, seine Welt wiederherzustellen und den langen und schmerzhaften Prozeß aufzunehmen, Vergebung zu finden und Wiedergutmachung zu leisten. Wenn er den Schmerz und den Preis für diese Bewegung als zu hoch empfindet, wird sich der Patient in den Schutz der Organisation zurückbegeben, die verspricht, seine narzißtische Situation wiederherzustellen.

Ich werde zunächst versuchen, aufzuzeigen, wie der Einfluß des Ödipuskomplexes zu Haß führen und Anlaß zu Ressentiment geben kann, wenn er nicht anerkannt und geäußert wird.[1] Mein Patient, Herr D. ließ nur selten und für kurze Zeit einen bedeutungsvollen Kontakt zu. Er arbeitete als Forschungsstipendiat in einem mörderischen akademischen Klima, in dem die Rivalität zeitweise tödlich war. Ständig begab er sich mit elegantem Schwung in neue Situationen, wurde ermutigt und gelobt, aber er konnte der so entstehenden verheißungsvollen Erwartung und Begeisterung nicht gerecht werden und seine Projekte scheiterten wiederholt. An der Universität entwickelte er eine schwere Depression, als er zunächst zum Herausgeber einer Studentenzeitung befördert und später entlassen wurde. Er befürchtete eine Wiederkehr der Depression und suchte hauptsächlich deshalb um Analyse nach, um einen solchen Fall zu verhindern. Tatsächlich wurde die Situation an seiner Arbeitsstelle zunehmend prekär, zum Teil, weil er keine Kritik ertragen konnte, so daß zahlreiche Zusammenstöße mit seinen Vorgesetzten zu wütenden Reaktionen führten, die unterdrückt werden mußten, um sein berufliches Fortbestehen zu sichern.

Seine persönliche Beteiligung an der Rivalität wurde ebenso verleugnet wie seine Eifersucht auf eine ältere Schwester, die keine Akademikerin, aber verheiratet war und ein Baby hatte. Zwar nahm er wahr, wieviel Freude die Schwester seinen Eltern bereitete; er betrachtete das aber als etwas, was er mit Leichtigkeit übertreffen könnte, sobald er in der Lage wäre, seinen Forschungserfolg zustande zu bringen und mit dessen Hilfe eine Frau zu finden, die seine Eltern gutheißen würden.

Er verbrachte einen großen Teil seiner Zeit damit, Wechsel in verschiedene Abteilungen, in verschiedene Länder, ja sogar in

[1] Ein Teil dieses Materials erschien bereits im 7. Kapitel von Psychic Retreats (Steiner 1993).

verschiedene Forschungsbereiche zu planen. Obwohl das in der Phantasie zum Triumph über seine Kollegen und Lehrer führte, sah er sie nicht als rachsüchtig an, sondern eher als wiedergutmachend, und er verleugnete jeden Haß gegenüber jenen, die seine Bedeutung andauernd zu übersehen und seinen Fortschritt zu behindern schienen.

Ich will mich auf eine Stunde konzentrieren, in der er mit der Beschreibung eines Treffens begann, das am Vortag im nebenan liegenden Büro stattgefunden hatte. Es fand im Zimmer des Dozenten statt und er war nicht eingeladen, was ihm die Tatsache unmißverständlich bewußt machte, daß er in der Abteilung keinen Platz mehr hatte. Später hatte er mit diesem Dozenten ein ernsthaftes Gespräch, in dem dieser ihm Ratschläge erteilte, wie er besser mit sich umgehen sollte. Ihm wurde gesagt, daß er impulsive Entscheidungen träfe, auf die man sich dann nicht verlassen könne, und der Patient antwortete beflissen, indem er zustimmte, daß dies absolut richtig sei und sich für das, was die Abteilung für ihn getan hatte, dankbar zeigte. Tatsächlich war aus seinen häufigen geringschätzigen Bemerkungen über diesen Dozenten klargeworden, daß er sich selber für überlegen hielt und daß er nur seine Zunge hütete, bis er ihnen allen beweisen könnte, wie erfolgreich er in einer anderen Umgebung wäre.

Er fuhr fort, in erregter Weise über seine neuen Aussichten und Forschungspläne zu sprechen, aber dem fehlte jetzt ein bißchen die Überzeugungskraft. Er fügte jedoch hinzu, er nehme an, ich würde enttäuscht von ihm sein, da ich es als eine Wiederholung eines Kreislaufs betrachten und ihn »wieder am Ausgangspunkt« sehen würde. Mehr als ein Jahr zuvor hatte er die Beziehung zu seiner früheren Freundin abgebrochen, telefonierte aber weiterhin mit ihr und diskutierte mit ihr bis ins Detail seine neuen Arbeitsstellen und Freundinnen. Jetzt beklagte er sich, daß er eine Nachricht für sie hinterlassen hatte, sie es aber versäumt hatte, ihn zurückzurufen. Er fragte sich, ob es daran liegen könnte, weil er kürzlich über seine Masturbation gesprochen hatte, ein Thema, das in der Analyse aufgekommen war. Ich denke, er erwartete, sie würde die Art und Weise bewundern, in der er in der Lage war, die Analyse zu benutzen, um über Dinge zu reden, die andere in Verlegenheit brachten. Stattdessen hatte sie gesagt: »Wie ordinär!« oder war es: »Wie erbärmlich«? Er sagte, es passe nicht zu ihr, vom Elend einer anderen Person angewidert zu sein.

Im Verlauf der Sitzung gab ich mehrere Deutungen, die sich um die Vorstellung gruppierten, daß die zugrundeliegende Situation, die er nicht ertragen konnte, darin bestand, daß ihn das Treffen nebenan an meine unabhängige Existenz erinnerte und an Zeiten, in denen er sich klein und ausgeschlossen fühlte. Das wurde vor allem akut, wenn ein Urlaub oder Wochenende drohte, was im Augenblick der Fall war, da ich ihm in der vorigen Sitzung meine Urlaubszeiten mitgeteilt hatte. Ich hatte im Sinn, daß er, wenn er seinen Haß und seine Rachsucht erkennen und zum Ausdruck bringen könnte, vielleicht auch die Angriffe, die er gegen mich führte, wahrnehmen könnte und daß dies dazu führen könnte, daß er sich aus seinem Rückzug herausbewegte und mit seinem Bedauern und seinem Wunsch, die Dinge wieder in Ordnung zu bringen, in Berührung käme. In diesem Moment schien eine solche Bewegung seinen Stolz zu sehr zu verletzen und nicht in Frage zu kommen.

Auf den Dozenten hatte der Patient äußerst ehrerbietig und willfährig reagiert. Er verleugnete nicht nur seine Wut, sondern er stimmte auch der Kritik zu, die an ihm geübt wurde. Er stand kurz davor, entlassen zu werden, weshalb er nicht zu dem Treffen eingeladen worden war, und er betrachtete das sowohl als Bestrafung für seine Arroganz und seinen übertriebenen Ehrgeiz als auch als eine Lektion, daß er seine wahren Gefühle zügeln müsse. Ähnlich ehrerbietig war er mir gegenüber in den Behandlungsstunden, und in beiden Fällen war klar, daß er seine Wut nicht äußern konnte. Ich war nie sicher, ob er seine Gewalttätigkeit zügeln mußte, weil er fürchtete, ich würde von ihr zerstört, oder ob er überzeugt war, ich würde mit solcher Strenge Vergeltung üben, daß er sich unterwarf, um der Kastration oder dem

Tod zu entgehen. Infolgedessen kamen seine Racheimpulse nicht zum Ausdruck und verwandelten sich in Groll und Klage.

Wenn seine Projekte scheiterten, fühlte sich der Patient von seinen Objekten so betrogen, ungerecht behandelt und geschlagen, daß ihn seine Identifikation mit einem sadistischen, bestrafenden, rachsüchtigen, im Grunde genommen aber schwachen Vater dazu brachte, andere in genau derselben Weise zu behandeln, wie sein Vater ihn behandelt hatte. Er wollte das Unrecht rächen, das ihm angetan worden war, fühlte sich aber nicht stark genug, um seinen Haß offen zum Ausdruck zu bringen. Infolgedessen gab er seine Ambitionen in bezug auf sein Primärobjekt auf, nicht aber seine Hoffnung auf Vergeltung. So wandte er sich neuen Objekten zu, ohne daß sich sein Begehren und seine Ziele geändert hatten.

Eindeutig zeigte sich dies in seinem gleichbleibenden erregten Suchen nach neuen Projekten, das manische Qualität hatte, da er sich mit einem omnipotenten und grausamen Vater zu identifizieren schien. Obwohl sie als Wiedergutmachungsprojekte intendiert waren, welche die Dinge mit seiner Familie in Ordnung bringen sollten, schienen sie immer ins Verhängnis und zu einem Zusammenbruch zu führen, was zur Folge hatte, daß der Kreislauf wiederholt werden mußte. Das erkannte er, als er annahm, ich wäre enttäuscht und würde ihn »wieder am Ausgangspunkt« sehen. So war er außerstande, den auf Groll beruhenden psychischen Rückzugsort aufzugeben, und unfähig, irgendeinen bedeutungsvollen Austausch zuzulassen.

Ich konnte kein zufriedenstellendes klinisches Material für einen Augenblick finden, in dem eine solche ressentimentgeladene Sackgasse entschärft wurde, um eine erfolgreiche Bewegung in Richtung auf eine depressive Lösung des Ödipuskonfliktes zuzulassen. Deshalb wende ich mich einem Beispiel aus der Literatur zu. Solche Augenblicke sind oft flüchtig und beide, Patient wie Analytiker, sind mißtrauisch und bekommen Zweifel, ob sie echt oder Teil eines komplexeren und noch trickreicheren Versuchs sind, um auf seiten des Patienten oder des Analytikers weiterhin Groll zu nähren. Dennoch sind diese Augenblicke klinisch wichtig und real, und es sind diese kleinen, aber wesentlichen Bewegungen, in denen Entwicklung stattfindet. Manchmal bemerkt der Patient nach einem Angriff, der heftiger als üblich war, daß ich müde oder sogar elend aussehe. Die Erkenntnis, daß ich beträchtlich älter bin, als der Patient realisiert hatte, war eine andere Bewegung, die zu einer Abnahme von Ressentiment und Neid führte. Diese Momente folgen oft auf Perioden intensiven Hasses, in denen der Analytiker grausam attackiert wurde. Wenn die Angriffe toleriert und richtig analysiert werden konnten anstatt sie zu verdammen, kann das Ressentiment durch Reue abgelöst werden und eine Bewegung in Richtung auf Wiedergutmachung einsetzen. Oft nimmt dies die Form von Versöhnlichkeit an, einmal auf seiten des Patienten gegenüber den Fehlern und Mängeln des Analytikers, zum anderen auch auf seiten des Analytikers, der diesen Prozeß teilen und dem Patienten vermitteln muß, daß psychische Realität nicht die moralische und unversöhnliche Qualität hat, die sie so oft annimmt. Auf dieselbe Weise ermöglicht ein offener Angriff seitens des Patienten dem Analytiker oft, aus einer Lähmung aufgrund von Schuldgefühlen zu entkommen und sich energischer zu verteidigen. Das kann ihn wiederum in die Lage versetzen, mit mehr Recht ein Gefühl von Bedauern und Schuld zu empfinden, das ihm erlauben kann, nachzugeben und den Anstoß für eine versöhnlichere Atmosphäre zu geben.

Um zu zeigen, was ich meine, will ich jetzt einen kurzen Blick auf die Beziehung zwischen dem jungen David Balfour und dem älteren Alan Breck in Robert Louis Stevensons Roman »Die Entführung« werfen. Vergeltung ist das hervorstechende unter den vielen Themen, die behandelt werden, und der Streit zwischen den beiden Helden, der den Höhepunkt des Romans bildet, zeigt sowohl die Schwierigkeit, dem Ressentiment zu entgehen, als auch das Bedürfnis, Vergeltung zu üben, um das Ressentiment zu überwinden.

Wiederholt wird die Gewalttätigkeit des Hasses zwischen rivalisierenden Gruppen zum Thema, ob es Schotten und Engländer, Hochländer und Tiefländer, Kelten und Sachsen, Presbyterianer und Katholiken oder verschiedene rivalisierende Clans sind, in diesem Fall vor allem die Campbells und die Stuarts.

Auf der einen Seite ist da der Ich-Erzähler David Balfour, Repräsentant des schottischen Tieflands, der versucht, fair und vernünftig zu sein, und auf das Recht und den mildernden Einfluß der Religion vertraut. Im Gegensatz zu ihm ist Alan Breck romantisch, stolz, treu, zynisch und rechthaberisch. Alan ist der gewalttätigere von beiden, voller Haß und immer von Rache redend. Als David seinen Freund Mr. Campbell erwähnt, schreit Alan, daß er alle diesen Namens hasse. »Ich wüßte nicht, was ich einem Campbell geben würde, wenn nicht eine bleierne Kugel! Wie Birkhähne würde ich alle diesen Namens jagen. Noch wenn ich auf den Tod daläge, würde ich auf meinen Knien an mein Fenster kriechen, um einen von ihnen niederzuschießen. ... Du weißt doch ..., daß ich ein Stuart ... bin. Seit langem haben die Campbells alle meines Namens gehetzt und umgebracht und uns unser Land abgenommen, mit Verrat, nicht mit dem Schwert« (S. 264).

Er erläutert die verschiedenen Verfolgungssituationen, denen die Stuarts unterworfen waren, die ihres Landes beraubt wurden und nicht einmal mehr einen Kilt tragen durften. Daß sein ständiges Reden über Rache auf Liebe und Treue seiner Familie gegenüber beruhte, wird betont, wenn er stolz behauptet: »Aber eins konnten sie nicht vernichten, und das war die Liebe der Clansmänner zu ihrem Herrn« (S. 269).

Das ist der Hintergrund für den Streit der beiden Freunde, der den Höhepunkt des Buches bildet und illustriert, wie Davids Groll sich zu einem selbstgerechten System von Argumenten ausformt, das ihn in einem selbstzerstörerischen Zustand gefangennimmt, aus dem er nicht mehr entkommen kann. Was dieses Kapitel so bewegend macht, ist, daß er schließlich seine Wut und seinen Haß zum Ausdruck bringen und dadurch einen Weg finden kann, einzuräumen, wie sehr er Alan braucht. Das wiederum ermöglicht Alan, ihm zu antworten und seine Reue und sein Bedauern über seinen Anteil an dem Streit zu äußern.

Die beiden hatten sich gegenseitig geholfen und große Not und Gefahr ertragen, seit David entführt worden war. An diesem Punkt jedoch konnte David der Versuchung nicht widerstehen, sich geheimen Grübeleien hinzugeben, wie er sich retten könnte, wenn er seinen Freund verließe. Das läßt ihn sich schuldig und untreu fühlen und er beginnt, sich selbst wie Alan zu hassen. Die Situation wird durch die Tatsache verschärft, daß Alan David dazu gebracht hatte, ihm sein Geld zu leihen, das er dann verspielte.

Die Entbehrungen der Reise erschöpfen sie mehr und mehr. Zunächst ist es David, der sich in Schweigen zurückzieht. »Lange Zeit sprachen wir kein Wort und gingen mit verschlossenen Mienen nebeneinander oder einer hinter dem anderen dahin, ich selbst erzürnt und hochmütig und aus diesen beiden heftigen und verwerflichen Empfindungen Kraft schöpfend, Alan erzürnt und beschämt, beschämt, weil er mein Geld verspielt hatte, erzürnt, weil ich darüber so gekränkt gewesen war« (S. 350 f.). ... »Während dieser ganzen schrecklichen Wanderungen gab es zwischen uns beiden keine Vertraulichkeiten, nicht einmal ein Gespräch. Tatsache ist, daß ich mich todelend fühlte. Das ist meine beste Entschuldigung. Außerdem besaß ich seit meiner Geburt die unverzeihliche Eigenschaft, mich zwar selten beleidigt zu fühlen, aber noch schwerer eine Beleidigung vergessen zu können, und jetzt war ich zornerfüllt sowohl gegen meinen Begleiter wie gegen mich selbst« (S. 354 f.). Noch drei Tage lang blieb Alan weitgehend schweigsam, aber freundlich und hilfsbereit. Nach einem weiteren kurzen Ausbruch von Bitterkeit jedoch schien er sich selbst wegen der Geldangelegenheit zu verzeihen. »Er schob den Hut aufs Ohr, schritt lustig drauf los, pfiff ein Lied und blickte mich mit herausforderndem Lächeln von der Seite an« (S. 355). Dann begann er, David zu verspotten, nannte ihn einen Whig, die Bezeichnung, die er für Anhänger des Königs benutzte, und hänselte ihn wegen seiner Ermattung.

David wußte, daß es seine eigene Schuld war, aber er konnte nicht bereuen. Stattdessen begann er, sich Phantasien hinzugeben, wie er sich hinlegen und auf der feuchten Erde des Berges sterben würde. »Mein Kopf war vielleicht wirr, aber ich begann, mich in diese Aussicht zu verlieben und mich zu sonnen in dem Gedanken an einen solchen Tod allein in der Wüste mit den wilden Adlern, die meine letzten Augenblicke belauerten. Dann würde Alan es bereuen, bildete ich mir ein. Wenn ich erst tot war, würde er daran denken, wieviel er mir verdankte, und diese Erinnerung würde ihm eine Qual sein. ... Und bei jeder Stichelei Alans schmeichelte ich mir nur mehr. Ach, sagte ich mir, ich habe ja einen viel wirkungsvolleren Stachel in Bereitschaft; wenn ich erst daliege und sterbe, wird es dir wie ein Schlag ins Gesicht vorkommen. Oh, welch eine Rache, und wie wirst du dann deine Undankbarkeit und deine Grausamkeit bereuen« (S. 356). Die Idealisierung des Todes als eine letzte Rache ist für Analytiker ein vertrautes Thema.

David fährt fort: »Inzwischen wurde mir übler und übler. ... Die Seitenstiche waren kaum noch zu ertragen. Schließlich merkte ich, daß ich mich nicht mehr weiterschleppen konnte, und damit überkam mich plötzlich das Verlangen, mit Alan Schluß zu machen, meiner Wut freien Lauf zu lassen und schnell zu Ende zu kommen« (S. 356). Er beschwert sich bei Alan wegen seiner Angriffe und erwidert sie seinerseits mit noch schrofferen, wobei er fordert, Alan solle in höflicher Weise über den König und die Campbells reden. »›Ich bin ein Stuart –‹ begann Alan. ›Oh, ich weiß, Ihr tragt eines Königs Namen‹, unterbrach ich ihn. ›Aber bedenkt, daß ich, seitdem ich im Hochland bin, viele gesehen habe, die ihn tragen, und das Beste, was ich von Ihnen sagen könnte, ist, daß sie nicht übel daran täten, sich einmal zu waschen.‹« Die Attacken richten sich auf beiden Seiten gegen den Familiennamen und ihre Treue zu ihm wird angefochten. Alan sagt schließlich: »›Es ist schade. Da sind Dinge gesagt worden, die sich nicht übergehen lassen.‹« Genau das hatte David beabsichtigt und zog seinen Degen, wie wenn er die Sache durch Gewalt erledigen wolle, in vollem Wissen, daß er gegen den erfahrenen Fechter keine Chance haben würde.

Alan schreit: »Bist du wahnsinnig? Ich kann gegen dich den Degen nicht ziehen, es wäre reiner Mord.« Nachdem er weiter provoziert wird, zieht er den Degen, wirft ihn aber weg und ruft: »Nein, nein! Ich kann nicht, ich kann nicht!« David fährt fort: »Da verließ mich mein ganzer Zorn, und ich fühlte mich nur noch krank und elend, bestürzt und erstaunt über mich selbst. Die Welt hätte ich dafür hingegeben, um zurückzunehmen, was ich gesagt hatte. Aber wer kann ein einmal ausgesprochenes Wort wieder einfangen? Aller Freundlichkeiten Alans und seines Mutes in vergangener Zeit erinnerte ich mich, wie er mir geholfen, mich aufgemuntert und in unseren schlimmen Tagen mit mir durchgehalten hatte; dann fielen mir meine eigenen Beleidigungen wieder ein und ich sah, daß ich diesen mutigen Freund für immer verloren hatte. Gleichzeitig schien sich die Krankheit in mir zu verdoppeln, und der Schmerz in meiner Seite war wie ein scharfes Schwert. ... Da kam mir mit einemmal ein Gedanke. Keine Entschuldigung konnte die Kränkung auslöschen, die ich ausgesprochen hatte. Es war nutzlos, darüber nachzudenken. Keine konnte die Beleidigung ausmerzen. Aber wo eine Entschuldigung vergebens war, konnte ein einfacher Hilfeschrei Alan wieder auf meine Seite bringen. Ich warf meinen Hochmut von mir. ›Alan‹, sagte ich, ›wenn Ihr mir nicht helft, muß ich hier sterben.‹ ... ›Wenn ich sterbe, werdet Ihr mir dann vergeben können, Alan? Im Innersten meines Herzens habe ich Euch stets gerne gehabt, auch als ich am wütendsten war.‹

›Pst, Pst‹, rief Alan, ›sag das nicht, David. Du weißt –‹« er sprach nicht weiter, schluchzte und begann, David zu helfen, sich auf ihn zu stützen. Und wieder dem Schluchzen nahe, sagte er: »›David, trotzdem bin ich kein schlechter Kerl: Ich bin weder klug noch gut. Ich habe nicht daran gedacht, daß du noch fast ein Kind bist, ich habe nicht gewußt, daß du fast im Gehen gestorben bist, David. Du mußt versuchen, mir zu verzeihen.‹

›Ach, Mensch, laß uns nicht mehr davon reden‹, entgegnete ich. ›Wir haben uns beide keine Vorwürfe zu machen, so ist es wirklich.‹«

Die Versöhnung beruht nicht auf der Verleugnung von Unrecht oder Schuld, sondern auf Vergebung. Mit Vergebung kann die Wiedergutmachung beginnen, die natürlich immer unsicher ist und jederzeit wieder in Ressentiment umschlagen kann. Auch nach der obigen Szene macht David eine weitere provokative Bemerkung, wenn er behauptet, er sei sicher zwölf Zoll größer als Alan. »›Das stimmt ja nun doch nicht! Vielleicht eine Kleinigkeit von einem oder zwei Zoll! Ich will ja nicht behaupten, daß ich das bin, was man einen großen Mann nennt. Aber ich muß wohl sagen,‹ fügte er mit einem halben Lachen in seiner Stimme hinzu, ›wenn ich darüber nachdenke, muß ich zugeben, daß du fast recht hast. Ja, es kann wohl ein Fuß oder etwa eine Handbreit sein oder vielleicht noch etwas mehr.‹ ... ›Alan,‹ rief ich aus, ›wie kommt es, daß Ihr so gut zu mir seid? Wie kommt es, daß Ihr Euch um so einen undankbaren Burschen sorgt?‹ ›Wahrhaftig, ich weiß es nicht‹, entgegnete Alan. ›Denn gerade das, was ich, wie ich glaube, an dir gerne hatte, war, daß du dich nie strittest, und jetzt habe ich dich noch lieber!‹« (S. 359 f.).

Ich glaube, Stevenson hat recht, daß Zorn und Hochmut die zwei großen Sünden sind, die Hindernisse, um sich aus dem auf Groll beruhenden seelischen Rückzug hervorzubewegen. Scharfsinnig ist er auch, wenn er darauf hinweist, daß sie in Zeiten des Angegriffenseins eine Funktion erfüllen, so etwa, wenn David erklärt, welche Kraft er aus diesen zwei »heftigen und verwerflichen Empfindungen« (S. 351) geschöpft habe. Über Haß ist viel geschrieben worden und wir wissen, daß er, wenn er in Neid wurzelt, zu einer äußerst destruktiven Kraft gegen Entwicklung im Selbst, im Objekt und vor allem in der Beziehung zwischen beiden werden kann.

Stolz scheinen wir weniger gut zu verstehen. Als David schließlich dahin kommt, seine Erbschaft von seinem niederträchtigen Onkel Ebenezer zu fordern, erfährt er, daß die beiden Brüder, sein Onkel und sein Vater dieselbe Frau geliebt hatten. Diese Rivalität war durch einen korrupten Handel beigelegt worden, durch den Davids Vater seine Mutter gewann, aber in Armut leben mußte, während sein Onkel mit dem Familienvermögen, dem Namen der Familie sowie ihren Besitztümern entschädigt worden war. Als Geizkragen versucht er, sich dies zu erhalten und sich Davids zu entledigen, der einen rechtmäßigen Anspruch darauf hat. Ebenezers Identitätsgefühl wandelt sich zu Hochmut und ist vom Besitz von Reichtum, Eigentum und Titel abhängig. Bei so einem Hochmut, der oft eine anale Qualität hat und in diesem Fall mit dem Horten von Besitztümern assoziiert ist, besteht immer eine Idealisierung von Selbst und Objekt. Er fungiert offenkundig als Quelle von Stärke, aber einer unsicheren Art von Stärke, da sein Hauptziel darin besteht, die Realität zu leugnen und die Erfahrung von Abhängigkeit zu vermeiden. Der Verlust dieser Besitztümer wird als Ungerechtigkeit gegenüber dem Selbst und dem Objekt empfunden und wegen der zuvor vorgenommenen Idealisierungen als eine erniedrigende Entblößung erfahren. So ist David, als er über das Unrecht, das Alan ihm angetan hat, in Wut gerät, zunächst zu stolz, um seine Abhängigkeit einzugestehen, und sein Hochmut scheint ihm eine Entschlossenheit zu verleihen, die ihn eher tot als erniedrigt sehen möchte. Hochmut kann als Ersatz dafür dienen, geliebt zu werden. Und man kann an ihm festhalten sowohl als einem Akt der Treue dem Objekt gegenüber als auch als einem Weg, um die Erniedrigung und Scham zu vermeiden, die mit dem Eingeständnis von Abhängigkeit und Bedürftigkeit verbunden sind. Wie Miltons Satan empfindet der Patient, daß es besser ist, »in der Hölle zu herrschen als im Himmel zu dienen«. Die Bedrohung, diese Kraftquelle zu verlieren, wird als anale Attacke empfunden, als eine Kastrationsdrohung oder als ein Raub und führt zu einer Intensivierung des Grolls, manchmal mit der Überzeugung, daß das Überleben von einer Kombination aus Groll, Hochmut und Haß abhängt.

Was genau die Möglichkeit eröffnet, aus solchen Zuständen wieder aufzutauchen, ist schwer zu beschreiben. Vielleicht sind es der Schmerz und die Erschöpfung, die David zunächst seinen Tod als letzte Rache glorifizieren lassen, die ihn später auch dazu bringen, seine Hilfsbedürftigkeit einzuräumen. Ich glaube, daß eine Lösung unmöglich geblieben wäre, wenn seine Wut ihn nicht dazu getrieben hätte, offen seinen Degen gegen Alan zu ziehen und ihn anzugreifen. Manchmal führt das zu der Überzeugung, daß das Kind den Elternteil vernichten wird, aber Davids Realitätssinn war intakt und er wußte, daß ein solcher Angriff selbstmörderisch war. Alan wußte es ebenfalls, und das ermöglichte dem stärkeren Mann zu erkennen, daß er es mit einem Kind zu tun hatte und nicht mit einem Gleichen, und so Abstand zu nehmen und herunterzukommen.

David und Alan litten nicht unter der Art von Persönlichkeitsverwirrung, die für viele unserer Patienten charakteristisch ist, und dennoch sind die Grundmechanismen nach meiner Überzeugung vergleichbar. Solche Momente ergeben sich in einer Analyse, wo der Anstoß in Richtung auf Vergebung von beiden ausgehen kann, sowohl vom Patienten wie auch vom Analytiker. Vielleicht muß der stärkere Partner heruntersteigen und eine offenere Attacke kann ihm dies ermöglichen. Ein weiterer Faktor liegt vielleicht in der Fähigkeit des Analytikers, sich aus der lähmenden Depression zu befreien, die aus seinem Schuldgefühl entsteht, so wie es Alan gelang, als er darüber hinwegkam, Davids Geld gestohlen zu haben. Etwas scheint mit der Erschöpfung durch einen langen Kampf nachzulassen. Hochmut wird aufgegeben und durch die Anerkenntnis gegenseitiger Abhängigkeit abgelöst. Daraus kann Vergebung entstehen und ermöglichen, sich aus dem seelischen Rückzug hervorzubewegen, um sich der psychischen Realität der Beziehung zu stellen. Der Patient, den ich oben beschrieben habe, war nicht in der Lage, etwas ähnliches wie Davids Degen aufzunehmen und mich offen anzugreifen. Vielleicht war er zu stolz, vielleicht zu sehr überzeugt, daß er der Stärkere sein und mich vernichten würde, wenn er aus seinem Rückzug auftauchte. Es gibt viele unwägbare Aspekte dieser Situation, die sie zu einer schwierigen, aber interessanten analytischen Aufgabe machen und eine Herausforderung für weitere Forschung darstellen.

Aus dem Englischen von Hermann Erb

Literatur

Britton, R. S. (1989): The missing link: parental sexuality in the Oedipus complex. In: Britton, R. S., Feldman, M., and O'Shaughnessy, E.: The Oedipus Complex Today. London (Karnac Books).
– (1994): Publication anxiety: conflict between communication and affiliation. Int. J. Psycho-Anal. 75, 1213–1224.
– (1995): Psychic reality and unconscious belief. Int. J. Psycho-Anal. 76, 19–23.
Feldman, M. (1995): Groll: Die zugrundeliegende ödipale Konfiguration. In diesem Band.
Freud, S. (1910h): Über einen besonderen Typus der Objektwahl beim Manne. (Beiträge zur Psychologie des Liebeslebens I). GW 8, 66–77.
– (1924d): Der Untergang des Ödipuskomplexes. GW 13, 395–402.
Klein, M. (1935): Beitrag zur Psychogenese der manisch-depressiven Zustände. Neu übersetzt von Elisabeth Vorspohl. In: Gesammelte Schriften, Bd. I,2. Stuttgart-Bad Cannstatt (frommann-holzboog) 1996, 29–75.
Potamianou, A. (1992): Un bouclier dans l'économie des états – Limites: L'Espoir. Paris (Presses Universitaires de France).
Riviere, J. (1936): A contribution to the analysis of the negative therapeutic reaction. Deutsch: Beitrag zur Analyse der negativen therapeutischen Reaktion. In: Ausgewählte Schriften, hrsg. von Lilli Gast. Tübingen (edition diskord) 1996, 138–158.
Rosenfeld, H. A. (1971): A clinical approach to the psychoanalytic theory of the life and death instincts: an investigation into the aggressive aspects of narcissism. Int. J. Psycho-Anal. 52, 169–178. Deutsch: Beitrag zur psychoanalytischen Theorie des Lebens- und Todestriebes aus klinischer Sicht: Eine Untersuchung der aggressiven Aspekte des Narzißmus. Psyche 25 (1971), 476–493.
Spillius, E. B. (1993): Varieties of envious experience. Int. J. Psycho-Anal. 74, 1199–1212.
Steiner, J. (1993): Psychic retreats: Pathological organizations in psychotic, neurotic and borderline patients. London (Routledge).
Stevenson, R. L. (1886): Kidnapped. Zitiert nach: Die Entführung. In: Die Schatzinsel und andere Romane. Aus dem Englischen von Richard Mummendey. Stuttgart (Europäische Bildungsgemeinschaft) 1978, 193–402.

Diskussion

Es wird nach dem Verhältnis von Scham und Perversion gefragt, wobei das anale Element im Selbstbild der Person besonders hervorgehoben wird. Dieses legt Wert auf ein perfektes Äußeres, welches die schamvollen Aspekte der Persönlichkeit verbirgt.

John Steiner: Ich halte diesen Punkt für wichtig, insbesondere was die Rolle von Stolz betrifft. Selbst wenn man sich auf Stolz als Quelle von Stärke beruft, bleibt Stolz immer etwas unsicheres, jederzeit in Gefahr, in sich zusammenzufallen. Das Erleben von Scham und Demütigung scheint sich einzustellen, wenn dieser Zusammenbruch offensichtlich wird. Dies ist einer der Gründe, warum es so schwer ist, auf Stolz zu verzichten. Scham und Demütigung gehören offenbar zu den schmerzlichsten Erfahrungen, die wir erleiden können. David z. B. wäre eine Zeit lang lieber gestorben, als sich einer solchen Erfahrung auszusetzen. Ich denke, es geht dabei um einen äußerst wichtigen Aspekt von Narzißmus, und es fällt auf, daß der Tod der Erfahrung von Abhängigkeit und Kleinheit bei weitem vorgezogen wird.

Ron Britton: Ich denke, wenn es um die Frage von Stolz einerseits und Scham bzw. Demütigung andererseits geht, ist man sich immer bewußt, daß es in der Phantasie einen Zeugen gibt: Die Situation wird immer sowohl beobachtet, wie man sich auch vorstellt, daß sie beobachtet wird. Im Falle von Stolz stellt man sich vor, daß ein Triumph beobachtet wird, im Falle der Demütigung eine Niederlage. Aus diesem Grund glaube ich persönlich nicht, daß der Verzicht auf Stolz einfach die Rückgewinnung einer wahren Position gegenüber dem primären Objekt bedeutet; denn die Situation bleibt unangenehm. Im Englischen sprechen wir vom »Herunterkommen« [climbing down] oder vom Abgesetztwerden [being displaced]. Für mich hat dies immer einen Beigeschmack davon, einen Platz einzunehmen, der einem nicht wirklich zusteht. In der Analyse führt der Zusammenbruch einer ödipalen Illusion zu kolossalen Gefühlen der Erniedrigung, der Scham und insbesondere zu einem Wunsch, nicht gesehen zu werden. Stolz und Scham befinden sich nach meiner Auffassung auf einer anderen Achse als Liebe und Haß.

Michael Feldman: Einer der Gesichtspunkte, den John herausstellen wollte und der sich davon etwas unterscheidet, ist derjenige, daß Stolz nicht einfach in Scham zusammenbricht, sondern in Groll und Rachebedürfnis übergeht. Diese können, wie ich denke, eine Abwehr von Scham darstellen. Das ganze Problem der Rache bildet einen Teil der Aussage von Stevensons Erzählung: Rache taucht auf, um sich gegen den Schmerz von Scham und Demütigung zu wehren.

John Steiner: Und nicht nur das, sondern, wie ich denke, auch um die vorherige Situation wiederherzustellen. Meiner Meinung nach ist die Situation immer triangulär: Es muß ein ausgeschlossenes Objekt geben, ein Objekt, welches von einer Paarbeziehung ausgeschlossen ist. Dabei kann das ausgeschlossene Objekt oft auch der Zeuge sein. Wenn Stolz in sich zusammenbricht, wird der Patient zu demjenigen, der ausgeschlossen ist, und die beiden anderen zu dem Paar, das ihn ausschließt. Auch dies muß wieder umgestoßen werden, um Demütigungen zu vermeiden.

Es wird nach dem Beispiel aus der Erzählung »Kidnapped« gefragt. Ist es möglich, daß in dem Augenblick, in dem David und Alan ihren Kampf aufgeben konnten, das Gefühl der Anwesenheit eines Beobachters und der damit verbundenen Scham und Demütigung entfiel? Vielleicht ließe sich dies in Begriffen einer Zwei-Personen-Beziehung und der Anerkennung der zwischen ihnen bestehenden Abhängigkeit fassen. Möglicherweise spielte bei dieser Veränderung reine Erschöpfung eine Rolle, wie es John Steiner als Möglichkeit auch für die Analyse annimmt.

John Steiner: Ich habe darüber noch nicht in dieser Weise nachgedacht, daß die dritte Person verschwindet. Warum es manchmal zu einer solchen Veränderung kommt, erscheint mir aber rätselhaft. Ein Gesichtspunkt betrifft den Umstand, daß sich David am Rande der Verzweiflung befand. Er glaubte, sterben zu müssen. Deshalb gab er auf und sagte zu sich: »Wenn ich schon sterben muß, dann soll es wenigstens schnell geschehen und nicht auf diese langsame Weise.« Dies veranlaßte ihn, sein Schwert zu ziehen. Offenbar war dies ein wichtiger Punkt: Der Haß wurde tatsächlich nach außen gewendet und nicht in dieser narzißtischen Weise ausgetragen, von seinem Tod und seiner Rache zu träumen. Ich weiß aber nicht, was ihn dazu in die Lage versetzte. Die Frage, was an diesem Punkt mit dem Beobachter geschah, halte ich für einen interessanten Gedanken.

Ein Teilnehmer schlägt vor, vielleicht habe es die Erschöpfung Alan leichter gemacht, seine narzißtische Sorge zu vergessen, wie an diesem Punkt ein Dritter über ihn denken könnte.

John Steiner: Ich denke, dies ist eine interessante Idee. Sicherlich kenne ich das Gefühl, mit einigen meiner Patienten auf einer so langen Reise unterwegs gewesen zu sein, mit nicht enden wollendem Haß und Angriffen, daß wir beide erschöpft sind und uns nicht mehr darüber aufregen können, wie wir aussehen. Wenn man erschöpft ist, macht man sich seine Haare nicht mehr schön zurecht und kümmert sich nicht um sein Aussehen. Es wäre interessant, diesen Gedanken noch besser zu verstehen.

Jemand äußert die Vorstellung, die Erschöpfung könnte vielleicht auch dem in der Situation enthaltenen sadomasochistischen Element ein Ende gesetzt haben.

John Steiner: Einverstanden! Aber das Rätsel bleibt, was einen solchen Prozeß in Gang setzt. Wenn er erst einmal in Gang gekommen ist, lassen sich viele Veränderungen feststellen. Ich glaube aber nicht, wir wüßten bereits, was ihn ermöglicht. Ein anderer wichtiger Gesichtspunkt, ebenfalls aus der Analyse wohlbekannt, besteht beispielsweise darin, daß Alan irgendwie aufhörte, sich wegen des gestohlenen Geldes schuldig zu fühlen. Natürlich halten uns unsere Patienten ständig vor, ihnen Geld abzunehmen. Und oft genug fühlen wir uns deshalb schuldig, wie auch wegen anderer Dinge, derentwegen man uns vorwerfen kann, sie gekränkt zu haben. In solchen Situationen, wenn mir ein Patient auf diese Weise Vorwürfe macht, entdecke ich gelegentlich, wie ich mich immer deprimierter und schuldiger fühle. Manchmal kann ich dieses Gefühl aber für eine Zeitlang abstreifen und denken: »Halt, warum sollte ich mich so schuldig fühlen?« Dies ist äußerst wichtig; denn die Schuld ist ein Teil von dem, was uns in der analen Kontrolle des Patienten festhält.

Ron Britton: Ich glaube, daß John hier einen sehr wichtigen technischen Gesichtspunkt anspricht, wenn er andeutet, daß der stärkere Partner vielleicht den ersten Schritt tun muß [has to climb down] und durch offenere Angriffe seitens des Patienten hierzu befähigt wird. Dies wirft einige sehr interessante behandlungstechnische Fragestellungen auf, wie und wodurch ein solches Entgegenkommen [climbing down] in der analytischen Begegnung zustandekommt. Meiner Erfahrung nach handelt es sich dabei in zahlreichen Analysen um einen Wendepunkt.

Ein Teilnehmer fragt sich, warum es wohl leichter war, ein literarisches Beispiel als ein Beispiel aus der analytischen Arbeit zu finden.

John Steiner: Ja, dies könnte etwas künstlich wirken, denn ich glaube, es ist durchaus möglich, solche Beispiele in der analytischen Arbeit zu finden. Sie sind nicht so schön, und oft finde ich, wenn man anfängt, sie zu erzählen, klingen sie nicht echt, und man beginnt, an sich selbst zu zweifeln. Irgendwie ist es leicht, solche Beispiele in der Arbeit anderer zu finden wie z. B.

in Supervisionen. Aber nichtsdestoweniger glaube ich, daß sie vorkommen, auch wenn sie sehr flüchtig sind und dazu neigen, wieder zu verschwinden. Ich dachte, es sollte nicht unmöglich sein, ein klinisches Beispiel zu finden, aber es gelang mir nicht. Die besten Beispiele konnte ich aus Vertraulichkeitsgründen nicht benutzen usw. Alles in allem bin ich überzeugt, solche klinischen Erfahrungen zu besitzen. Aber sie tendieren dazu, ziemlich kurz zu sein, und bilden sich rasch wieder zurück. Aber ich stimme zu, daß es sich um ein Problem handelt. Es ist keine Schwierigkeit, klinische Beispiele für Groll zu finden. Das Problem besteht eher darin, daß die Überwindung von Groll etwas Seltenes, aber sehr Wichtiges und Reales darstellt – nicht, daß es so etwas überhaupt nicht gäbe.

Ein Teilnehmer fragt genauer nach der puren Befriedigung, die manche Patienten aus der Rache ziehen, und deren Beziehung zu einer perversen Persönlichkeitsorganisation.

John Steiner: In der Tat, es dürften kaum Zweifel bestehen, daß die Ausübung von Rache eines der befriedigendsten Dinge auf Erden ist. Freud zitierte gerne Heinrich Heines Beispiel von einem Mann, der sich ein einfaches Leben wünschte. Alles was er begehrt, ist ein Haus auf dem Lande, ein Stück frisches Brot und frische Butter, und wenn Gott sein Glück vollständig machen wollte, die Leichen von sechs seiner Feinde von den Bäumen hängend. Er sagt, es sei wichtig, unseren Feinden zu vergeben, aber nicht, bevor wir sie haben hängen sehen. Dies gefiel Freud und es gefällt mir, weil Rache darin als etwas Befriedigenderes beschrieben wird als frisches Brot und frische Butter: Sie ist etwas Einzigartiges. Und natürlich liegt in dem in ihr enthaltenen Triumph eine große Erregung.

Eine Frage betrifft die Versöhnung zwischen Alan und David. John Steiner hatte angedeutet, daß ihre Beziehung an dieser Stelle die Züge einer Zwei-Personen-Beziehung annahm. Der

Fragesteller meint, daß in diesem Moment sehr wohl ein Dritter zugegen war, und zwar in dem Sinne, daß Alan imstande war, eine andere Position einzunehmen und David als Kind zu sehen, welches ihn nicht wirklich besiegen konnte und für ihn kein ebenbürtiger Gegner war.

John Steiner: Was mir in Hinblick auf den letztgenannten Punkt am meisten auffiel, ist der Umstand, daß es wohl kein großer Triumph sein kann, ein Kind zu töten: Wenn der Stärkere den Schwächeren tötet, gibt es keinen großen Ruhm zu ernten. Ich denke, daß der Analytiker in bestimmte innere Verfassungen geraten kann, in denen er möglicherweise vergißt, daß der Patient der Schwächere ist. Da die destruktive Macht des Patienten, Entwicklung aufzuhalten, manchmal so ausgeprägt ist, kann es so aussehen, als ob der Patient viel stärker als der Analytiker ist. Und man kann dann vergessen, wer eigentlich der Patient ist.

Ein Teilnehmer fragt, was den Patienten dazu instande setzt, sich aus dem Rückzug herauszubewegen, und wie der Analytiker in die pathologische Organisation einbezogen wird.

John Steiner: Ich denke, ein Weg, auf dem der Analytiker hineingezogen wird, ergibt sich aus dem Druck, mit dem Patienten ein exklusives Paar zu bilden. Durch komplexe Spaltung wird alle Schlechtigkeit in das dritte Objekt projiziert. Ich glaube, daß wir dies mit dem Patienten in Szene setzen, und daß es sich dabei nicht nur um eine Phantasie des Patienten handelt. Auch der Analytiker wird durch seine Arbeit sehr in Anspruch genommen und kann ebenso alles Schlechte abspalten und woandershin projizieren. Dadurch wird der Analytiker vom Patienten als jemand erlebt, der letztlich doch sein Verbündeter ist, ohne dies je zugeben zu können: Er wird als jemand gesehen, der stattdessen reklamieren muß, auf der Seite des Vaters zu stehen. Der Patient hofft unterdessen die ganze Zeit, der Analytiker werde morgen anders sein. Dadurch wird er in der Sicht des Patienten zum guten Objekt, das sich schlecht verhält, weil das schlechte Objekt stets woandershin abgespalten wird. Mitunter kann er, statt Objekt der Exklusivbeziehung zu sein, zum schlechten Objekt werden. Dies ändert sich dann aber rasch wieder. Ich denke nun, daß der Analytiker da mit hineinspielt. So wie der Patient denkt: »Oh, vielleicht wird der Analytiker heute anders sein«, so denken auch wir: »Nun gut, vielleicht wird der Patient heute anders sein und aufhören, mich ohne Unterlaß zu hassen.« Gelingt es, dies zu beobachten, so kann man dem Patienten manchmal deuten, daß eine Hoffnung auf gegenseitige Bestätigung unter Ausschluß des dritten Objektes bestanden hat. Ich meine, das eigentliche Problem – und Sie werden darüber in Ron Brittons Ausführungen zur triangulären ödipalen Situation noch hören – besteht darin, wie die durch das dritte Objekt entstehende Spannung auszuhalten ist. Die Instabilität ist ein grundlegendes Merkmal dieser ödipalen Konfiguration: Drei ist eine instabile Konstellation, aber es trifft immer einen anderen, der jeweils zum ausgeschlossenen Objekt wird. Es gibt einen mächtigen Typ von Kollusion zwischen Patient und Analytiker, wobei jeder vom anderen verlangt, sich zu ändern und zu geben, was verlangt wird.

Ron Britton: In Zusammenhang mit der Diskussion über die Veränderung, die in der Situation zwischen Alan und David eingetreten ist, ist meinem Empfinden nach die Sprache enthüllend, die wir dafür gerne benützen. Wir neigen dazu, vom primären Objekt, vom dritten Objekt usw. zu sprechen. Es ist interessant, sich daran zu erinnern, daß »*Kidnapped*« wesentlich eine Geschichte über die Beziehungen zwischen Vätern und Söhnen ist, und, wie Freud gezeigt hat, neigen wir manchmal dazu, zu vergessen, daß das primäre Objekt des Begehrens, wie in der negativen Ödipussituation, der Vater sein kann. Ich denke, wir stehen zu sehr im Bann des Konzepts, daß wir zwangsläufig über die Mutter reden, wenn wir vom primären Objekt des Begehrens sprechen. In dieser Begegnung betrifft die Veränderung zwischen

Alan und David meiner Meinung nach den Übergang von einer Situation der *Rivalität* zwischen Vater und Sohn zu einer Situation, in der der Sohn den Vater liebt und dieser plötzlich realisiert, daß der Sohn auf seine Liebe angewiesen ist. So handelt es sich tatsächlich um eine Veränderung in der Beziehung, die in eine Situation zurückführt, in der der Vater das primäre Objekt ist.

John Steiner: Ich stimme dem zu, glaube aber, daß das ursprüngliche Verbrechen des Vaters darin bestand, eine Beziehung zur Mutter zu haben. Dieses muß vergeben werden, um als Sohn den Vater lieben zu können. Ich denke, es ist ein Gemeinplatz, daß in Abenteuergeschichten nie Frauen vorkommen. Dennoch sind sie in den Gedanken der Männer durchaus präsent. Viele Abenteuergeschichten handeln von der Liebe zwischen Vater und Sohn, und dennoch sind die Frauen in ihnen sehr, sehr wichtig. Meiner Meinung nach stellen sie an diesem Punkt immer noch das primäre Objekt, wenn auch nicht das Objekt des Begehrens dar. In »*Kidnapped*« ist die Rolle, die Davids Mutter in der Beziehung zwischen den Söhnen einnimmt, wirklich faszinierend.

Überarbeitung des Tonbandtranskripts von Richard Rusbridger.
Aus dem Englischen von Heinz Weiß

Michael Feldman

Groll: die zugrundeliegende ödipale Konfiguration

»Die älteste und hartnäckigste dieser Visionen ist vielleicht die der vollkommenen Gesellschaft auf Erden, völlig gerecht, völlig glücklich, ganz und gar vernünftig: die endgültige Lösung aller Probleme innerhalb der Reichweite des Menschen, außer einem – einem einzigen Haupthindernis – wie ... Klassenkampf, den destruktiven Aspekten des Materialismus oder der westlichen Technologie; oder aber den verderblichen Auswirkungen von Institutionen – Staat oder Kirche; oder irgendeiner anderen falschen Doktrin oder verwerflichen Praktik – einem einzigen großen Hemmnis, das der Verwirklichung des Ideals im Wege steht.
Daraus folgt, da nichts weiter nötig ist als die Beseitigung dieses einen großen Hindernisses auf dem Pfade der Menschheit, daß kein Opfer zu groß sein kann, wenn das Ziel nur auf diese Weise erreichbar ist. Keine Überzeugung hat mehr Gewalt, mehr Unterdrückung, mehr Leid hervorgerufen. Der Ruf, daß die reale Gegenwart einer erreichbaren idealen Zukunft geopfert werden muß – diese Forderung wurde dazu verwandt, Grausamkeiten größten Ausmaßes zu rechtfertigen.«

(Sir Isiah Berlin, 1978, Übersetzung H. W.)

Einleitung

Ich bin der Ansicht, daß das Aufkommen und Fortbestehen von Groll als beherrschendes Thema in einer Analyse nicht nur schwierig und frustrierend ist, sondern auch von großem Interesse. Seine Bedeutung liegt in der Art, in der er sowohl den analytischen Prozeß blockiert wie auch in den destruktiven Auswirkungen auf das Leben des Patienten. Das klinische Bild ruft Verbindungen zu einer Vielzahl von Zuständen wach, in denen der Patient hartnäckig an bestimmten Gedanken festhält oder eine bestimmte Objektbeziehung benutzt. Am häufigsten findet man dies bei Zwangserkrankungen, Süchten und Perversionen. In einem weiteren Sinne gibt es auch Verbindungen zu Rosenfelds Forschung über Beschaffenheit und Funktion pathologischer Organisationen und – zeitlich näher – zu Steiners bedeutenden Untersuchungen.

Zwei Themen durchziehen diese Arbeiten: erstens das Ausmaß, in dem ein Prozeß wie das Vorherrschen von Groll in einer dem Wesen nach defensiven Weise eingesetzt wird, um den Patienten z. B. vor Schuld und depressivem Schmerz zu schützen, zweitens das Ausmaß, in dem dieser Prozeß ein Eigenleben gewinnt, mit perverser Gratifikation gefüllt wird und als Manifestation eines höchst destruktiven Triebes gesehen werden kann.

Ich möchte im folgenden darlegen, daß der Groll zu einem Mittel wird, um an einem System von Objektbeziehungen festzuhalten, das den fast wahnhaften Besitz eines Objekts einschließt. Dies erfüllt nicht nur eine wichtige Abwehrfunktion für den Patienten, sondern wird auch mit einer gewissen sadomasochistischen Erregung besetzt.

Der Groll zentriert sich um eine Erfahrung von Verlust, Verletzung und Betrogenwordensein. Selbstverständlich werden die Patienten immer Grund zu Kritik und Klage haben, die aus den Begrenztheiten und dem Versagen ihrer Objekte – in der Vergangenheit und in der Gegenwart – erwachsen. In der analytischen Situation ist es für den Patienten wichtig zu spüren, daß der Analytiker erkennt, auf welche Weise er durch seine Primärobjekte oder auch durch den Analytiker selbst enttäuscht oder verletzt worden ist. Der Patient ist oft erleichtert, wenn er spürt, daß der Analytiker seine bewußten Klagen verstanden hat, oder, was noch wichtiger ist, wenn der Analytiker zu erkennen und auszusprechen vermochte, wie er sich unbewußt im Stich gelassen oder beschädigt fühlt. Vielleicht beginnt er seine Objekte auf eine komplexere, dreidimensionale Weise zu verstehen und seine Fähigkeit zur Vergebung zu mobilisieren.

Andererseits kann das Anhalten seiner Klage und seines Frustrationsgefühls die Tatsache widerspiegeln, daß er sich vom Analytiker nicht genügend verstanden fühlt, oder das Gefühl hat, daß der emotionalen Reaktion des Analytikers etwas fehlt, auch wenn der Analytiker scheinbar zutreffende Deutungen gegeben hat.

Was ich hier jedoch untersuchen möchte, ist die Situation, in der es scheint, als ob analytisches Verständnis niemals adäquat sei: niemals in der Lage, anhaltende Erleichterung und Veränderung zu bewirken. Der Groll scheint im Gegenteil als ein entscheidendes Hilfsmittel zur Aufrechterhaltung eines intensiven, erbitterten und einengenden Zugriffs auf ein bestimmtes Objekt benutzt zu werden. Dieses Objekt wird dafür verantwortlich gemacht, daß dem Patienten etwas vorenthalten wird, das ihm unausgesprochen oder ausdrücklich versprochen worden war und auf das er einen Anspruch zu haben meint. Er glaubt, daß die Einhaltung dieses Versprechens, das Ungeschehenmachen des Unrechts, ihn von seinem Schmerz, der Eifersucht und der Versagung, von der er sich bedroht fühlt oder die er tatsächlich erleidet, befreien würde. Als Teil des Abwehrvorgangs wird der Groll *selbst* mit Eigenschaften ausgestattet, die ihn zu einem wertvollen Objekt machen, an dem mit großer Zähigkeit festgehalten und das gehegt wird. Er füllt nicht nur eine Leere aus, die auf passive Weise schwer zu ertragen ist, sondern er gewinnt ein Eigenleben und stellt für den Patienten bis zu einem gewissen Grade eine verlorengegangene Position der Macht und Kontrolle wieder her.

Ich glaube jedoch, daß die unbewußte Kommunikation mit einer viel verzweifelteren und hoffnungsloseren Ausgangssituation zusammenhängt. Der anhaltende und wiederholte Ausdruck von Groll ist der Weg, auf dem der Patient mitteilt, daß da etwas zutiefst unheil ist, über das er nicht auf andere Weise sprechen kann, das für Patient wie Analytiker schwer richtig zu verstehen oder zu verändern ist. Tatsächlich ist eine der charakteristischen Eigenheiten von Groll (im Gegensatz zu einer Beschwerde) die

Schwierigkeit sich vorzustellen, wodurch er, wenn überhaupt, gemildert werden könnte.

Ich gehe davon aus, daß dies so ist, weil schließlich sowohl der Patient als auch der Analytiker erkennen, daß es in der Realität keine Möglichkeit gibt, das Versprechen zu erfüllen oder das Unrecht auszugleichen, da der Groll auf einer Reihe zugrundeliegender, fast wahnhafter Überzeugungen beruht, die zu bestätigen oder zu modifizieren beide nicht in der Lage sind.

Ich bin davon überzeugt, daß sich die zugrundeliegende, fast wahnhafte Überzeugung auf eine spezifische primitive Version der ödipalen Konfiguration bezieht und die Phantasie vom Besitz eines mächtigen Primärobjekts (oder Teilobjekts) einschließt. Diese trianguläre Konfiguration wird mit einer perversen, erotisierten Erregung ausgestattet, die zur Fortdauer des Grolls beiträgt. Dem Analytiker wird *als Analytiker* beständig unterstellt, daß er diesen Vorgang störe und den Patienten seines gefühlsmäßigen Engagements [involvement] beraube, das sowohl defensiv ist als auch Befriedigung gewährt.

Ich nehme an, daß den meisten Analytikern die Phänomene, die ich beschreibe, vertraut sind, einschließlich der spezifischen technischen und emotionalen Schwierigkeiten, die sie für ihn mit sich bringen.

Der Patient wendet sich immer mit einem impliziten oder expliziten Appell in der Phantasie oder Realität an eine dritte Partei – gleich ob an ein Individuum oder eine Art »Gericht«. Diese gerechte und vernünftige dritte Partei, an die er sich wendet, wird ganz sicher die Verletzung und die Rechtmäßigkeit seines »Falles« erkennen. Zusammen würden sie eine mächtige kritische Allianz bilden, die in der Lage wäre, beträchtlichen moralischen und professionellen Druck auf den Analytiker auszuüben, um etwas zu verändern. Tatsächlich ist es ein Merkmal des Grolls, daß Themen, die die Moralität betreffen, allmählich das Bild bestimmen: Der Patient nimmt eine selbstgerechte Haltung ein, als ob er nicht nur Teil dieser mächtigen Allianz wäre, sondern auch im Besitz irgendeiner wichtigen, mächtigen und unangreifbaren

Wahrheit. Er fühlt sich bedroht, ist entrüstet, sogar provoziert durch jeden Vorschlag, der auf weiteres Nachfragen zielt, insbesondere, wenn damit eine Untersuchung des eigenen Beitrags zur Situation, in der er sich verletzt fühlt, verbunden ist. Stattdessen beharrt er immer wieder darauf, daß sich *sein Objekt* auf irgendeine Weise ändern müsse: Er verhält sich so, als ob die Wiederholung seiner Anklagen und Forderungen schließlich doch Erfolg haben und diese Änderung bewirken könnte. Es ist sehr eindrucksvoll, daß er – wie eine Gestalt aus Kafkas Werk – das Objekt nicht als ganz schlecht sieht, und die Hoffnung nicht aufgibt, daß das Objekt schließlich nachgeben oder die Rechtmäßigkeit seines Falles einsehen und sich ändern wird, auch wenn er – wie ein Patient es formulierte – zweihundert Jahre warten müßte.

Diese Konfiguration weicht in entscheidender Hinsicht von derjenigen bei der Paranoia ab. Beim Groll ist der Spaltungsvorgang viel weniger deutlich, und da das Objekt des Grolls nie vollständig böse ist, besteht das Ziel nicht darin, das Objekt zu zerstören, sondern es zu verändern. Der Druck und die Forderungen des Patienten werden entweder direkt an das Objekt gerichtet in dem Bemühen, das Objekt in eine bestimmte Phantasie einzupassen, oder indirekt an eine mächtige und überzeugungsstarke Instanz, die vielleicht als Verbündeter des Patienten handelt, um das Objekt zu überzeugen, zu überreden, moralisch oder anderweitig zu zwingen, bis es endlich mit den Bedürfnissen und Wünschen des Patienten übereinstimmt.

Gelegentlich wird dem Analytiker ein »Handel« vorgeschlagen. Wenn er (der Analytiker) seine Versäumnisse und Fehler anerkennt oder Verantwortung für seinen Anteil übernimmt, dann wird der Patient das gleiche tun. Der Vorteil dieses Handels, der vielleicht dem Wunsch des Analytikers, fair und vernünftig zu sein, entgegenkommt, besteht darin, daß er für den Patienten und den Analytiker offenbar einen modus vivendi herstellt, vom Patienten aber nicht verlangt, seine grundlegenden Überzeugungen hinsichtlich seines Glaubens, im Recht zu sein, der Art des Unrechts und der Berechtigung seines Grolls zu ändern. Er vermindert auch nicht das Festhalten an der zugrundeliegenden Phantasie und dem fast wahnhaften Glauben an die Lösung, die er bietet.

Der Analytiker kann durch das Weiterbestehen des Grolls, was oft frustrierend, ärgerlich und provozierend ist, sein technisches Können, die Effektivität seiner Arbeit und seine eigene Persönlichkeit herausfordert, in eine von mehreren Richtungen gedrängt werden. Er kann den »Handel« akzeptieren – mit dem Argument, daß er in der Tat für dieses Unrecht dem Patienten gegenüber verantwortlich war, selbst wenn es nicht so schwer ist, wie der Patient behauptet. Er mag sich sehr bemühen, Wege zu finden, um die Bedeutung des Grolls des Patienten zu verstehen, die »Gerechtigkeit«, die in ihm enthalten ist, mit der er vielleicht sympathisiert. Die Hoffnung besteht darin, daß sich, wenn dies artikuliert werden könnte, der Zugriff und die Stärke des Grolls möglicherweise abschwächen. Er kann andererseits die Reaktion des Patienten widerspiegeln, indem er sich in der Phantasie oder Realität mächtigen Figuren zuwendet, von denen er Unterstützung und Bestätigung erfährt. Solch eine Figur oder Figuren könnten nicht umhin zu erkennen, daß – auch wenn der Analytiker sicherlich nicht vollkommen ist – der Patient uneinsichtig, schwierig oder verrückt ist, nicht der Analytiker. Auf diese Weise kann sich der Analytiker verteidigen, während er den Groll vorwiegend als eine mächtige Form von Widerstand behandelt. Die Wahrnehmung dieser Gegenübertragungsreaktion durch den Analytiker kann es ihm ermöglichen, seine bewußte oder unbewußte Angst vor der Macht der phantasierten Allianz gegen ihn und seine Arbeit zu erkennen. Vielleicht wird er hierdurch auch auf die panische Angst des Patienten vor der Kehrseite dieser Situation aufmerksam, daß er nämlich unfähig sein könnte zu verhindern, daß die beiden anderen mächtigen Elemente des ödipalen Dreiecks sich zusammentun und seine fast wahnhaften Überzeugungen, von denen sein psychisches Gleichgewicht abhängt, bedrohen. Ich vermute, daß im allgemeinen Analytiker und Patient zu einem stillschweigenden Einverständnis gelangen, den Groll in einen Bereich beim Patienten abzuschieben, der im Grunde genommen mit der Analyse nichts zu tun hat.

Ich habe behauptet, daß Groll auf einer Reihe »fast wahnhafter« Überzeugungen basiert, weil das Bedürfnis des Patienten, immer wieder Beweise zu liefern, einen »Fall« daraus zu machen, Zustimmung und Bestätigung zu erlangen, nahelegt, daß er genügend Kontakt zu seiner inneren Realität hat, um eine alternative Sichtweise abwehren zu müssen. Er empfindet dieses Maß an Kontakt mit der psychischen Realität als bedrohlich und abscheulich. Es ist ihm nicht vollständig gelungen, alle Gefühle von Eifersucht, Schuld, Verantwortung oder Zweifel an seinem Gutsein auszulöschen, weshalb es ihn drängt, sich mächtigen Beistand zu verschaffen und andere zu überzeugen. Der Patient verspürt das Bedürfnis, jene Elemente der psychischen Realität, die seine Wahrnehmung der phantasierten Objektbeziehung stören, anzugreifen und loszuwerden, *wo immer diese Elemente lokalisiert sind.* Wenn sein Bewußtsein von seiner, sagen wir, eigenen Begrenzung und seiner Destruktivität in die Psyche des Analytikers projiziert worden ist, dann muß er alles ihm mögliche unternehmen, den Teil des Denkens des Analytikers auszuschalten, der über dieses Wissen verfügt. Im Gegensatz hierzu besteht für einen Patienten, der vollständiger in einer wahnhaften Überzeugung gefangen ist, dessen Abwehr gegenüber psychischer Realität stärker ist, keine Notwendigkeit, zu überzeugen, Beweise zu liefern oder Übereinstimmung zu fordern.

Britton (1989) spricht einen ähnlichen Sachverhalt an, wenn er schreibt: »Die ödipale Konfrontation schließt auch die Anerkennung des Unterschieds zwischen der elterlichen Beziehung in Abhebung von der Beziehung zwischen Elternteil und Kind ein: Die Beziehung der Eltern ist genital und auf Fortpflanzung gerichtet; die Eltern-Kind-Beziehung nicht. Diese Anerkennung schafft ein Gefühl von Verlust und Neid, das, falls es nicht ertragen werden kann, in ein Gefühl von Groll oder Selbstentwertung umschlägt«. Er beschreibt die Entstehung einer »illusionären ödipalen Konfiguration ... als Abwehrorganisation zur Verneinung der psychischen Realität der elterlichen Beziehung.«

Um diesen Zustand aufrechtzuerhalten, den ich als »fast wahnhaft« beschreibe, muß der Patient in das dritte, ausgeschlossene

Objekt nicht nur seine eigenen Gefühle von Verwundbarkeit, Schmerz und Schuld projizieren, sondern auch sein *Wissen* um die wahre Natur der ödipalen Konfiguration. Ich nehme jedoch an, daß sich dieser Zustand, insoweit er wahnhaft *ist*, in einer entscheidenden Hinsicht von der eher normalen Ödipussituation unterscheidet und wahrscheinlich auch von Brittons ödipaler Illusion, insofern als er nicht wirklich eine *Beziehung* zwischen zwei getrennten Objekten unter Ausschluß des dritten beinhaltet, sondern, wie ich später ausführen werde, den omnipotenten Besitz eines Objekts bzw. Teilobjekts oder den Besitz einer verzerrten Version des elterlichen Geschlechtsverkehrs.

Sofern der Patient *nicht* wirklich wahnhaft oder psychotisch ist, sind Spaltung und projektive Identifikation nicht so gestaltet, daß sie zu einer völligen Durchtrennung aller Verbindungen zu den projizierten Inhalten führen. Im Gegenteil, der Patient beschäftigt sich besonders intensiv mit dem bedrohlichen Objekt, das ja die Gefühle und psychischen Inhalte, die er projiziert hat, enthält, einschließlich seinem Wissen um die Realität der elterlichen Situation. Und es ist *dieses* Objekt mit seinen Funktionen, das zum Fokus des Grolls wird. Deshalb übt der Patient in der Analyse starken bewußten und unbewußten Druck auf den Analytiker aus, damit dieser seine eigene Position, die ihn zu eigenen Gedanken befähigt und zu eigenen Urteilen berechtigt, aufgebe. Während der Patient eine Art moralische Überlegenheit für sich in Anspruch nimmt, hat er unbewußt das Bedürfnis, sein eigenes Wissen und das des Analytikers von dem, was Money-Kyrle als die Tatsachen des Lebens beschrieben hat, wie z. B. das Wissen von der Beziehung des Kindes zum elterlichen Paar, anzugreifen.

Die Aufrechterhaltung solcher Verbindungen mit der psychischen Realität ist es auch, die dazu führt, daß der Patient nicht wirklich an die Möglichkeit glaubt, tatsächlich die Rolle und die Funktionen eines reifen Sexualpartners zu übernehmen. Ich meine, daß ihn dies dazu zwingt, eine verzerrte und perverse Version des ödipalen Paares zu schaffen, die auf infantilen Phantasien basiert, an denen er teilhaben *könnte*. Während diese manchmal den Charakter einer romantisierten und idealisierten Beziehung annimmt, vermute ich, daß dahinter immer eine zugrundeliegende erregte sadomasochistische Beziehung liegt, in der das Objekt gefangen gehalten, bedrängt, mit Anschuldigungen tyrannisiert und einem quälenden Druck, sich zu ändern, unterworfen wird.

Durch die Ausgestaltung der unvermeidlichen Erfahrungen von Enttäuschung und Verletzung baut der Patient den Groll als kompensatorische Struktur auf und nutzt sie teilweise, um sich selbst wieder an eine besondere und mächtige Stelle zu setzen, an der er das Objekt in seinem Inneren besitzen und quälen kann. Die Verbindung mit der idyllischen romantisierten Phantasie ist einer der entscheidenden Faktoren zur Aufrechterhaltung des Grolls. Der Patient kann die Überzeugung aufrechterhalten, daß er es nicht mit einem bösen, sondern mit einem guten Objekt zu tun hat, von dem er hofft, daß er es mit der Zeit irgendwie verändern kann. Damit ist der Patient ebenfalls nicht böse und hat keinen Grund zu Schuld, Reue oder irgendeiner Änderung seines Verhaltens. Vielmehr wurde er schlecht behandelt, mißverstanden und zu schlechtem Verhalten durch ein Objekt provoziert, welches die verletzenden, nachlässigen und grausamen Implikationen seiner Handlungen vielleicht nicht bemerkte.

Im Groll ist immer ein starkes, mutuell verführendes »wenn nur« enthalten. Wenn du nur etwas bemerktest, wenn du dich nur ändertest, mir nur den Platz wieder einräumtest, der mir zusteht, würdest du all das Gute, all die Fürsorge und Liebe wahrnehmen, zu der ich fähig bin, und unsere Beziehung würde so zu einer wechselseitig befriedigenden werden. Einer der eindrucksvollen Aspekte des klinischen Bildes ist die Art und Weise, in der der Patient bereit ist, beliebig lange daran festzuhalten, jede Zeitspanne in Kauf zu nehmen, die nötig ist, um sein Objekt zu einer Wandlung zu bewegen, zu überreden, zu erpressen oder zu zwingen. Gleichermaßen wird er, wenn es erforderlich erscheint, alles tun, um die dritte Partei dazu zu bewegen, die angestrebte Lösung zustande zu bringen. Ich bin der Überzeugung, daß Isiah

Berlin sich auf *diese* seelische Verfassung bezieht, wenn er das Bedürfnis beschreibt, dieses eine Hindernis für die Errichtung einer vollkommenen Gesellschaft auf der Welt zu beseitigen, und daß für das tugendhafte Streben nach Beseitigung eines solchen Hindernisses keine Anstrengung zu groß ist und keine Grausamkeit zu weit geht.

Ich nehme an, daß dieser psychische Zustand einen sehr frühen Ursprung hat, und es wäre interessant zu verstehen, warum ein Individuum dazu neigt, einen Groll zu entwickeln und aufrechtzuerhalten, während ein anderes mit Versagung und Verlust auf andere Weise umzugehen scheint. Man könnte vermuten, daß mangelnde Toleranz gegenüber der Erfahrung von Getrenntsein oder Neidischsein auf die nährende Brust oder das elterliche Paar zur Phantasie eines gewaltsamen Eindringens in die Brust und später in das Elternpaar geführt hat, welches dann in erregter und sadomasochistischer Weise innerhalb des eigenen Körpers in Besitz genommen und kontrolliert wird. Durch den Vorgang projektiver und introjektiver Introjektion richtet sich der Patient erneut in einer wahnhaften oder fast wahnhaften Rolle ein.

Meltzer (1966) beschreibt, wie das kleine Kind unter Belastung dazu gedrängt werden kann, sein eigenes Rektum und dessen fäkalen Inhalt zu idealisieren. Die defensive Verwendung projektiver Identifikation, die sich in der Phantasie geheimen Eindringens in den Körper der Mutter ausdrückt, um sie zu berauben, führt zur Verwechslung der Identität des eigenen Körpers mit dem der Mutter. Eine Folge davon ist, daß der eigene rektale Inhalt des Kleinkindes mit den idealisierten Produkten des mütterlichen Körpers verwechselt wird. Meltzer beschreibt weiter, wie sich diese Phantasien eindringender und störender Projektion auf das ödipale Paar ausdehnen können, so daß eine Identifikation mit jedem der beiden Partner dieses Paares möglich wird und seine oder ihre Eigenschaften in Besitz genommen werden können, was zu einer sadomasochistischen, perversen Version des elterlichen Geschlechtsverkehrs führt. Er fährt in dieser Arbeit mit der Vermutung fort, daß diese Situation die Entwicklung von Pseudo-Reife begünstigt. »Eine präödipale Kristallisation des Charakters, die sich in Sanftmut, Hilfsbereitschaft, Bevorzugung der Gesellschaft Erwachsener, Unnahbarkeit oder Dominanz anderen Kindern gegenüber, Intoleranz gegenüber Kritik und hohen verbalen Fähigkeiten manifestiert.«

Ich gehe davon aus, daß bei einigen Patienten die unvermeidliche Erfahrung von Enttäuschung und Kränkung als Basis für den Aufbau des Grolls als eines Mittels zur Verleugnung der Realität des Verlustes oder der Qualen des infantilen ödipalen Dilemmas dient mittels der Konstruktion der kompensatorischen, fast wahnhaften Reihe von Objektbeziehungen, die ich zu beschreiben versuchte. Darüber hinaus wird der Groll selbst als wertvolle und erregende Struktur in den Patienten aufgenommen. Konkret repräsentiert sie entweder eine perverse Version des elterlichen Geschlechtsverkehrs, die er in seinem eigenen Körper kontrolliert, oder das Produkt eines solchen Geschlechtsverkehrs, das als eine Art fäkales Baby gehegt wird. Die perverse Gratifikation, die aus dem Besitz und der Kontrolle des elterlichen Verkehrs oder des fäkalen Babys gewonnen wird, ist zum Teil dafür verantwortlich, daß der Groll ein Eigenleben zu besitzen scheint.

Jede Bedrohung dieses Systems wahnhafter Überzeugungen durch die äußere Realität oder durch stärkeren Kontakt mit der inneren Realität, läßt den Schmerz und die Trauer entstehen, die mit ihrer Aufgabe verbunden sind, falls das Individuum in der Lage ist, einen gesünderen Entwicklungsschritt zu tun. Andernfalls können diese wahnhaften Überzeugungen durch einen unerbittlichen Haß verstärkt werden, der sich gegen jedwede Figur in der inneren oder äußeren Welt richtet, von der die Bedrohung eines stärkeren Kontakts mit der unerträglichen Wirklichkeit der »Tatsachen des Lebens« ausgeht. So werden die Mutter, die Eltern oder der Analytiker – in seinen eigentlichen analytischen Funktionen – zum Objekt von Groll und Haß. Anders ausgedrückt ist dieser Haß tatsächlich ein Haß auf die Wahrheit und die Wirklichkeit, die aus dem unbewußten Wunsch heraus, das Gleichgewicht, das der idealisierte und fast wahnhafte Zustand bietet, wieder herzustellen, unnachgiebig angegriffen und verleugnet werden müssen. Die unbewußte Überzeugung scheint diejenige zu sein, daß das Objekt dieses hartnäckigen Angriffs zwischen dem Patienten und der Wiederherstellung dieses vorübergehend verlorenen Zustands steht.

Klinische Illustration A

Frau A. ist eine alleinstehende Frau Mitte 20. Ihre Eltern hatten zwei Söhne, und sie, die sehr ersehnte Tochter, war nach einer Pause von vier Jahren geboren worden. Drei Jahre später kam noch eine jüngere Schwester zur Welt. Sie beschreibt ihr Leben vor der Geburt ihrer Schwester in idyllischen Bildern. Sie wohnten in einem wunderschönen Haus in Devon, und sie erinnerte sich, wie sie im Garten in der warmen Sonne in ihrem Laufställchen stand und Spielzeug hinauswarf, das ihre Mutter ihr beglückt zurückbrachte. Ihre beiden älteren Brüder schienen kaum vorhanden zu sein, und sie zweifelte nicht im geringsten an der tiefen Zuneigung ihrer Mutter.

Die erneute Schwangerschaft der Mutter erwies sich für die Patientin als verwirrend und traumatisch. Es gibt einige Hinweise darauf, daß auch ihre Eltern Schwierigkeiten hatten, mit dieser letzten Schwangerschaft zurechtzukommen. Sie versuchten ihre Tochter dadurch zu schützen, daß sie sie dazu ermutigten, die Schwangerschaft zu »teilen«, an das Baby als an *ihres* zu denken, was dann eine verwirrte Identifikation mit der Mutter erzeugte. Sie entwickelte eine Retention der Fäzes mit einem aufgeblähten Leib, wodurch sie ihrer Verwirrung konkreten Ausdruck verlieh. Nach der Geburt der Schwester erlebte sie, daß sich alles veränderte: Sie zogen um in ein dunkles Haus, das sie haßte, und die Welt wurde öde und einsam.

Sie versuchte damit fertigzuwerden, indem sie die Rolle der furchtbar braven, vernünftigen älteren Schwester annahm, die der Mutter verständnisvoll bei der Versorgung des neuen Babys half.

Ihre Schwester entwickelte sich jedoch zu einem hübscheren, energischeren und rebellischen Kind, das vielleicht sogar eine bessere Beziehung zu seinen Eltern hatte. In ihrer Analyse wurde deutlich, wie sehr sie ihre Schwester ablehnte und haßte und welche mörderischen Impulse sie gegenüber ihrer Schwester empfand. Sie hatte das Gefühl, daß ihr alles, was rechtmäßig ihr gehörte, geraubt worden war, und es setzte sich ein tiefer Groll gegen Schwester und Eltern in ihr fest.

Es kam zu einer beachtlichen frühreifen intellektuellen Entwicklung bei meiner Patientin, mit einem deutlichen Schwerpunkt im Sprachlichen. In Büchern ging sie auf, besonders in denen, die Märchen, Mythen und Legenden enthielten. Sie machten es ihr möglich, den »legendären« Zeitabschnitt wieder entstehen zu lassen, in dem sie die kleine Prinzessin mit einem wunderschönen Haus war und eine hingebungsvolle Mutter ganz für sich alleine hatte. Oder aber sie identifizierte sich mit der Königin, derjenigen, die den Vater für sich hatte und das Baby bekam.

In der Analyse wurde deutlich, daß sie auf einschneidende Weise in ihrer bedrängten Familie depriviert und traumatisiert worden war, und in mancher Hinsicht hatte sie Grund zur Klage. Aber was daraus hervorging war die Vorstellung von ihrer Mutter als einer leeren, deprimierten Frau, oder als einer monströsen, eindringenden und fordernden Person, die versuchte, ihr Leben stellvertretend durch ihre Tochter zu leben. All ihre mütterlichen Anstrengungen wurden als inkompetent, verfolgend oder primär als Ausdruck ihrer eigenen Bedürfnisse gesehen. Die Patientin nahm an, daß man sie gefüttert und ihr geholfen hatte, besaß aber keine rechte Vorstellung hiervon und hatte eher das Gefühl, daß sie mittels ihrer eigenen Anstrengungen überlebt hatte.

Als sie mit der Analyse begann, kamen zwei gegensätzliche Sichtweisen ihrer selbst zum Vorschein. Die manifeste ließ sie als verarmt, unsicher und sehr belastet erscheinen. Es war ihr kaum möglich, sich Heizung, Licht oder Nahrungsmittel zu leisten. Dahinter existierte jedoch das Bild einer eher königlichen Person mit teueren und luxuriösen Besitztümern, die sie verbergen mußte, sowie mit Attributen, die intensive Bewunderung und Neid hervorriefen. Diese beiden kontrastierenden Versionen ihrer selbst waren in ihrer Vorstellung mit den Zeitabschnitten vor und nach der Geburt ihrer jüngeren Schwester verbunden.

Sie vermittelte eine feste Überzeugung, daß sie auf keinen Fall leiden durfte – als ob sie das Recht auf eine idyllische Beziehung hätte, die niemals mit Schmerz, Eifersucht und Frustration verbunden sein durfte. Jeder Versuch, diese Überzeugung in Frage zu stellen, wurde von ihr als bedrohlich erlebt und veranlaßte sie, sich auf verletzte und gekränkte Weise zurückzuziehen. Ich glaube, sie erwartete, daß ihre Objekte diese fast wahnhafte oder wahnhafte Überzeugung unterstützten und die Ansicht teilten, daß sie vor Schmerz, Eifersucht und Demütigung beschützt werden sollte, so wie es nach meiner Annahme die Eltern getan hatten. Oft versuchte sie, die Analyse dazu zu benutzen, diese omnipotente narzißtische Ansicht von sich zu unterstützen, und schien verwirrt, empört und verängstigt, wenn sie unter irgendeiner Unannehmlichkeit oder Schmerz litt.

Die vorherrschende Methode, um sich gegen schmerzliche und störende Gefühle zu schützen, bestand in ihrem starken Einsatz projektiver Identifizierung, die manchmal zu Verwirrung über ihre eigene Identität führte. Zu Beginn jeder Sitzung setzte sie sich stets völlig synchron mit meiner Art, mich in meinen Sessel zu setzen, auf die Couch und schützte sich so vor der Erfahrung, die verwundbare, schwierige oder beunruhigte Patientin auf der Couch zu sein. Diese fast wahnhafte Überzeugung ihrer Identität als Analytiker, Mutter oder Königin schloß natürlich die weitergehende Spaltung und Projektion ihres Wissens und des Bewußtseins ihrer Begrenzungen und Schwierigkeiten in ihren Analytiker ein.

Immer wenn sie bei ihrer Arbeit erfolgreich war, wurde sie ängstlich und angespannt und beschrieb dann oft auf eine verwirrte und beinahe gequälte Art die begeisterte Reaktion einer Freundin oder Kollegin. Aufgrund ihrer ständigen Befürchtungen, daß sie beschuldigt werden könnte, die Rolle eines anderen an sich gerissen zu haben, war es ihr natürlich unmöglich, sich über einen Erfolg offen zu freuen. Sie hatte stets Angst vor meinen Reaktionen, die sie möglichst antizipieren mußte, um ihnen zuvorzukommen. So konnten meine Interpretationen kaum je dazu dienen, sie zu stärken. Was ich sagte, benutzte sie entweder dazu, diese besondere Rolle in einer besonderen Beziehung zu festigen oder, was häufiger vorkam, es als Anschuldigung zu nehmen in Verbindung mit dem Versuch, ihr etwas wegzunehmen oder sie zu schwächen.

Wie ich durch einen Traum veranschaulichen werde, machte mich dies oft zu einer unangenehmen und bedrohlichen Figur, vor der sie sich schützen mußte, stets gab es auch den verführerischen Sog hin zur Sicherheit der reichen, aber leblosen omnipotenten Welt. Ich glaube, daß sie das Gefühl hatte, in dieser Welt im Besitz der Brust, des Penis oder des Babys zu sein (repräsentiert durch meine Gedanken und mein analytisches Wissen), aber sie waren auf eine eigenartige Weise erworben worden, durch eine Art Diebstahl, so daß sie ihr niemals Stärke oder Sicherheit gaben.

Zu einer Sitzung an einem Montag holte ich die Patientin im Wartezimmer ab und folgte ihr die Treppe hinauf. Sie hatte immer einen langsamen, selbstbewußten und leicht affektierten Gang, aber ich bemerkte, daß diese Eigenheiten bei der Gelegenheit ausgeprägter waren. Die Patientin begann mit einer Frage zu einem bevorstehenden Urlaub und sagte mir dann, daß sie über das ganze Wochenende hinweg geträumt hatte. Samstag nacht hatte sie einen Traum von schönen und teuren Kleidern gehabt, vielleicht wie die einer Königin oder von etwas – etwas Wertvollem, das sie zu beschützen versuchte. Da war noch dieses Gebäude – es schien ihr vertraut zu sein – und sie kam eine Treppe hoch, verfolgt von einem häßlichen, gefährlichen Hund. Schließlich gelang es ihr, ihn zum Umkehren zu bewegen und sie in Ruhe zu lassen.

Ganz oben in diesem Gebäude kam sie dann zu einem Zimmer – es war schön, aber alt und ohne Atemluft. Da war jemand wie eine Prinzessin, eine sehr schöne und berühmte Person, mit schönem Haar, Juwelen, sehr aufwendiger Kleidung auf dem Tisch, und all diese Juwelen mußte sie beschützen. Die Patientin sprach langsam und ein wenig abwesend. Dann berichtete sie mir von einer Arbeit, mit der sie übers Wochenende beschäftigt gewesen war. Sie stand in Zusammenhang mit ihrem Beruf und einer wichtigen, prestigeträchtigen Rolle, die man ihr kürzlich übertragen hatte. Weiter sagte sie nichts über ihren Traum.

Ich hatte den Eindruck daß die Patientin sowohl im Traum als auch durch ihre Art zu sprechen einen eher leblosen, aber hoheitsvollen Zustand vermittelte, in den sie sich zurückgezogen hatte. Jedwede Angst oder Sorge im Hinblick auf die Erfahrung von Getrenntheit und wie sie mit der Wochenendpause und dem kommenden Urlaub fertig werden würde, wurde durch ihr Engagement im Rahmen der wichtigen Aufgabe, mit der sie beschäftigt gewesen war, abgewehrt, wie auch durch die träumerische Art, in der sie sich ganz oben in diesem Gebäude begraben [entombed] hatte, während sie einen sehr kostbaren Zustand bewahrte, wie er durch die Juwelen dargestellt wurde. Ich werde durch diesen unangenehmen und verfolgenden Hund abgebildet, der versucht, diesen Zustand zu stören und ihr etwas wegzunehmen, obwohl es ihr gelingt, mich erfolgreich abzulenken.

Dieser Rückzug in eine stille Grandiosität, eine isolierte Welt der Märchen und Mythen, in der sie ihre Juwelen liebevoll hütete und sie gegen die neidischen Angriffe ihrer Schwester und Mutter beschützte, war ein stark ausgeprägtes Merkmal der Kindheit und Jugend dieser Patientin. Die Gefühle von Unzulänglichkeit, Schmerz und Verlust sowie Haß, Neid und Destruktivität, die hervorgerufen wurden und die so schwer zu ertragen waren, wurden in ihre Objekte projiziert und brachten die ziemlich paranoide Welt hervor, in der sie lebte. Zu einem Teil bewahrte sie die wahnhafte Überzeugung von ihren Fäzes als eines Babys oder wertvoller Juwelen und ihres Status als der mit dem Vater verheirateten Königin. Ihre Angst vor mir als dieser Hundegestalt gründete nicht nur auf dem Neid und Haß, der auf mich projiziert wurde, sondern auch auf der realistischeren

Sorge, daß ich versuchen würde, diesen narzißtischen Zustand anzugreifen. Es ging nicht nur darum, daß ich sie vielleicht auf ein ganz normales Kind oder eine ganz normale Patientin (die sich klein, einsam, unzulänglich und ausgeschlossen fühlen würde) reduzieren könnte, sondern auch darum, daß dieser Prozeß sie auf eine viel katastrophalere Weise bedrohen würde.

Ich nehme an, daß ihr wenig emotionale Unterstützung gewährt wurde, als es darum ging, ihre kindlichen omnipotenten Überzeugungen hinsichtlich dessen, was sie besaß und kontrollierte, abzulegen. Stattdessen fühlte sie sich durch alles, was diese Überzeugungen in Frage stellte, verfolgt und wütend, oder es führte rasch zu einer sadomasochistischen Verwicklung mit dem Objekt, durch das eine perverse Version dieser omnipotenten Phantasien aufrechterhalten wurde. Im Gegensatz hierzu bedrohte der analytische Prozeß diese omnipotente Welt, und in meinen analytischen Funktionen wurde ich entsprechend gefürchtet und gehaßt, während ich umgekehrt zum Objekt ihres Grolls wurde.

Klinische Illustration B

Die folgende Patientin wies viele gemeinsame Züge mit Frau A. auf, schien aber besser in der Lage, das Empfinden von Leere und Verlassenheit zu erkennen und zu tolerieren. Auch sie ließ das Vorhandensein einer Reihe fast wahnhafter Überzeugungen hinsichtlich ihrer selbst, ihres Körpers und ihrer Rolle in Beziehung zu ihren Eltern erkennen. Genau wie im Falle von Frau A. zentrierten sich diese Überzeugungen um eine Anzahl von idyllischen Erinnerungen und Phantasien, ihre eigenen besonderen Attribute wie Schönheit und Intelligenz und ihre romantisierten und erotisierten Beziehungen zu jedem Elternteil. Die Phantasien und Überzeugungen dienten dazu, sich gegen unerträgliche Erlebnisse von Unzulänglichkeit, Eifersucht und Vernachlässigung zu schützen. Sie nährte einen tiefen und anhaltenden Groll gegen ihre Eltern, die für alles, was in ihrem Leben falsch gelaufen war, verantwortlich gemacht wurden. Vergleichbar war auch, daß in der Analyse nach kurzen Flitterwochen, in denen sie rasch alles zu verändern begann, ein chronischer, brodelnder Groll gegen mich zum Vorschein kam, entweder aufgrund der Art, in der ich auf sie und das, was sie brachte, reagierte, oder aufgrund dessen, was ich versäumte, ihr zukommen zu lassen. Und dennoch hatten ihre Überzeugungen im Rahmen einer gewissermaßen idealisierten Lösung eine weniger psychotische Qualität, und die Abwehrfunktionen, denen dieser Groll diente, schienen gegen eine hoffnungslosere und verzweifeltere Sicht von sich selbst weniger wirksam zu sein.

Frau B. ist eine seit 10 Jahren verheiratete 35jährige Frau, die große Schwierigkeiten hatte, ein Baby zu bekommen. Schließlich wurde sie schwanger, und während dieser Schwangerschaft konsultierte sie mich zum ersten Mal. Sie war zuvor mehrere Jahre in Analyse gewesen und hatte sich dann an einem psychotherapeutischen Ausbildungsinstitut beworben, wo sie auch zugelassen wurde. Sie teilte mir mit, daß sie mit ihrer gegenwärtigen Analyse sehr zufrieden sei und sie sich sehr darüber ärgere, wechseln zu müssen, weil der Analytiker durch das Ausbildungsinstitut nicht anerkannt werde. Sie ärgere sich darüber, durch eine grausame, dumme und unsensible Institution dazu »gezwungen« zu sein, diesen Analytiker, der ihr geholfen hatte und bei dem sie sich wohlfühlte, verlassen zu müssen. Sie verband dies mit einem Kindheitserlebnis, als ihr Vater im Ausland arbeitete und sie mehrere Monate mit ihrer Mutter und Schwester auf dem Land lebte. Sie erinnert sich daran als an eine idyllische Zeit und war sehr ärgerlich, als ihr Vater verlangte, daß sie zu ihm zogen. Sie erwähnte Schwierigkeiten mit Männern und fügte als gegebene Tatsache die Ansicht hinzu, daß diese sich wahrscheinlich aus der Beziehung zu ihrem Vater herleiteten. Ihr Vater ist Arzt, ein vielbeschäftigter und erfolgreicher Allgemeinpraktiker, zu dem sie offenbar eine komplizierte erotisierte sadomasochistische Beziehung hatte. Sie gab eine ziemlich blasse, idealisierte Beschreibung der Beziehung zu ihrer Mutter, die nicht überzeugte, und ich erhielt kaum irgendwelche detaillierten Informationen.

Sie erzählte mir von ihrer Entwöhnung im Alter von 9 Monaten. Sie litt unter einigen leichten Erkrankungen und nahm keine Nahrung mehr zu sich, aber als sie sich erholt hatte und wieder Nahrung *wollte*, hatte ihre Mutter keine Milch mehr. Ihrem Vater nach war sie sehr wütend, und er meint, daß sie dann ziemlich depressiv wurde.

Während der ersten Monate der Analyse überließ sich die Patientin manchmal recht träumerischen, idealisierten Erinnerungen oder Phantasien über Erlebnisse in ihrer Kindheit, wie Familienferien in einem wunderschönen Haus mit dem Namen »Shangri La« auf einer kleinen Insel der Scilly-Gruppe. Ihr Jugendalter scheint eine schwierige und turbulente Zeit gewesen zu sein, und ich glaube, daß sie sehr unglücklich war. Sie war intensiv mit der Größe und Form ihres Körpers beschäftigt und zog ihren Vater in ein recht unangemessenes Engagement hinein, das zu gewissen medizinischen Eingriffen führte, mit denen sie später ärgerliche und vorwurfsvolle Gefühle verband.

Es wurde offensichtlich, daß ziemlich viel Verwirrung und Unsicherheit hinsichtlich ihres Körpers und ihrer Sexualität bestand. Später beschrieb sie in der Analyse Masturbationsphantasien, die sich um den Besitz eines Penis drehten. Während sie wenig Interesse an erwachsener Sexualität zeigte, verhielt sie sich, als ob sie sich sowohl intellektuell wie sexuell für außerordentlich interessant und attraktiv hielt und sagte einmal, daß sie jeden verführen könne, wenn sie nur wolle, einschließlich ihres Analytikers. Im allgemeinen stand sie ihrem Ehemann, dessen Anstrengungen und Leistungen entwertet wurden, kritisch und unzufrieden gegenüber, und sie ärgerte sich über ihre Abhängigkeit von ihm.

Seit dem Abschluß Ihres Studiums vor etwa acht Jahren beschäftigte sie sich entweder intensiv mit einer Doktorarbeit in Anglistik oder mit dem Versuch, schwanger zu werden. Es war niemals davon die Rede, eine Anstellung zu finden oder Geld zu verdienen (sogar als die finanziellen Mittel recht knapp waren). Trotz der Tatsache, daß sie zu einer psychotherapeutischen

Ausbildung zugelassen war, glaube ich nicht, daß sie sich jemals auf andere Menschen in fürsorglicher Weise einließ oder jemals ein Interesse daran gezeigt hatte.

Die Sitzung, die ich Ihnen schildern möchte, fand an einem Freitag statt, ungefähr sechs Monate nach Beginn der Analyse. Die Patientin schlenderte ins Zimmer, wie sie das immer tat, und warf mir einen reservierten, aber verächtlichen Blick zu. Sie warf ihre Tasche seitlich auf die Couch gegen die Wand, verschränkte Arme und Beine und schwieg. Ihr Magen knurrte, und sie sprach dann mit einer weichen, matten, farblosen Stimme.

»*Mein Magen ist heute morgen sehr laut. Ich glaube, ich habe Hunger. Es war interessant gestern abend, mir wurde deutlich, wie konservativ ich in punkto Essen bin. Eigentlich nicht sehr überraschend. Es ist so, daß ich nicht enttäuscht werden möchte, wenn ich etwas will, genau wie ein Baby.*

Gestern abend, als das Baby im Bett war, hat mein Mann angeboten, das Dessert zu richten – es sollte etwas Besonderes sein. Ich *wünschte mir eine Eiscreme, die ich vor ein paar Tagen gekauft hatte. Genau* das *war's, was ich wollte. Er wollte die Eiscreme nehmen und sie mit etwas Obst kombinieren. Ich wollte das nicht, aber schließlich bekam ich es. Es war sehr lecker.* (Das sagte sie in einem eher teilnahmslosen Ton). *Als Kind bestand ich immer darauf, meine Speisen getrennt zu essen, die verschiedenen Dinge durften nicht miteinander vermischt werden.*

Eigentlich geht es mir heute besser. Es bringt schon etwas, sechs Stunden Schlaf in zwei aufeinanderfolgenden Nächten zu bekommen. Ich habe versucht, mir ins Gedächtnis zu rufen, worüber ich gestern in Verbindung mit meiner Doktorarbeit nachgedacht habe. Was würde es bedeuten, sie abzubrechen? Was bedeutet das für mich? Es wäre so, wie wenn man etwas Wichtiges verliert, zu dem man über lange Zeit eine Beziehung hatte. (Dies bezog sich auf eine Deutung in der vorangegangenen Sitzung.)

Jetzt sieht es so aus, als ob es besser als gar nichts wäre, auch nur zum Schein an der Doktorarbeit weiterzumachen. Ich gerate in Panik, wenn da nichts Anderes ist. Ich bin schon seit vier Jahren dran. Zwischendurch habe ich versucht, schwanger zu werden. Es wäre nicht sinnvoll gewesen, sich nach einem anderen Job oder einer anderen Karriere umzusehen.

Einer der Gründe, warum ich damit angefangen habe, war, daß ein Jahr auszufüllen war und ich nicht wußte, was ich sonst tun sollte. Es ist mir nie etwas anders eingefallen, was ich hätte tun können. Es gab keine Gelegenheiten. Außerdem ist sie sehr eng verknüpft mit der Beziehung zu meinem Vater. Wenn ich nicht meine Doktorarbeit schreiben würde, was hätte ich dann, was ihn interessieren könnte. Irgendwie sollte meine akademische Arbeit eine besondere Verbindung zu ihm sein, wo ich doch angeblich das begabte Kind bin. Trotzdem kann ich sie nicht abschließen. Ich lasse nicht zu, daß mir jemand hilft. Das ist klarer geworden, ich kann niemand anderem erlauben, auf fruchtbare Weise zu dem Projekt beizutragen. Es ist einfach in mir steckengeblieben. Es scheint angenehmer zu sein, sich im Zustand der Potentialität zu befinden – einem schwangeren Zustand. Ich glaube, Sie haben recht, das ist der Grund, warum ich daran denke, schwanger zu werden, weil es sehr angenehm ist. Ich erinnere mich, daß ich es schön fand, schwanger zu sein, obwohl ich mich während der letzten Monate nicht wohlfühlte und es mir heiß war. Ich war sehr dick. Trotzdem war es etwas, wonach ich mich lange gesehnt hatte. Elisabeth ist morgen 10 Monate alt. Ich hätte gerne noch ein Baby. Ich glaube, es wäre nicht sinnvoll, noch länger zu warten. Es kann eine Weile dauern, bis ich schwanger werden kann. Dennoch stelle ich fest, daß ich überlege, warum, warum ich wirklich schwanger werden möchte. Möchte ich wirklich einfach nur schwanger werden, möchte ich noch ein Kind, um es ebenso gut aufzuziehen wie Elisabeth?«

Was mich an Frau B.s Art zu kommen am meisten beeindruckte, war, daß es sie zu ärgern schien, überhaupt kommen zu müssen, als ob es im Hinblick auf ihre Zeit eine Zumutung wäre. Wenn sie sprach, schien sie die Dinge zu entwickeln, mehrere Erklärungen für das zu finden, was sie bemerkt hatte und es auf ihre Art zu kommentieren. Sie vermittelte das Bedürfnis nach verständnisvollen und unaufdringlichen Zuhörern, aber keiner anderen Intervention von meiner Seite. Sie scheint die Art, in der sie sich auf etwas fixiert, das sie will, zu erkennen und wünscht nicht, daß es mit den Ideen und Vorlieben von irgend jemand anderem vermischt wird. Ihre flaue, entmutigende Reaktion auf die Bemühungen ihres Ehemannes war mir sehr vertraut. Sie erklärte sich ihre bessere psychische Verfassung damit, daß sie mehr geschlafen hatte, jedenfalls schien es nichts mit der Analyse zu tun zu haben, obwohl sie sich auf einige meiner Interpretationen aus der vorangegangenen Sitzung bezieht. Was sie allerdings erkennt, und das fand ich wichtig, war die Notwendigkeit, die Zeit zu füllen, Ihren Bauch zu füllen, ihren Verstand zu füllen, um Panik abzuwehren.

Ich kommentierte die Art und Weise, in der sie während der Sitzung Themen bearbeitete. Es schien wichtig, sich (und mir) zu beweisen, daß sie nicht leer war, daß es da Dinge gab, die sie erkennen und festhalten konnte, auch wenn sie es auf ihre ganz eigene Weise tun mußte. Sie vermittelte jedoch deutlich, daß sie nicht glaubte, irgend etwas Konstruktives könne aus diesem Sprechen hervorgehen.

Sie war still und sagte dann: *»Mein erster Impuls ist Ärger, wenn ich sage, daß ich mein Bestes tue. Ich versuch's, aber ich bin auch ein Nicht-Starter, das kenne ich. Ich bleibe einfach mit dieser Leere zurück.«*

Ich sagte, ich sei überzeugt, daß sie tatsächlich ihr Bestes tue und mir das Gefühl vermittle, daß sie voll der verschiedensten, für sie wichtigen Dinge sei. Ich aber hatte angedeutet, sie habe wohl das Gefühl, daß wenig Aussicht bestehe, wie sehr sie diese Dinge auch durchgehe, irgend etwas Neues oder Anderes, etwas wirklich Lebendiges hervorzubringen.

Ich scheine nicht im geringsten davon überzeugt zu sein, daß das, was ich hier sage, irgend einen Wert haben könnte. Das haben Sie eben gesagt. Für mich ist das, was Sie sagen, so oft mehr als Kritik, einfach die totale Vernichtung von allem, was ich gesagt habe. Wie ich bereits gestern sagte, habe ich instän-

dig gehofft, daß, nachdem ich über die Idee der Doktorarbeit in Beziehung zum Schwangersein gesprochen und nachgedacht hatte, es einen Unterschied machen würde, schon ein Baby geboren zu haben, aber ich bin nicht weiter als zuvor. Also nein, ich glaube kaum, daß es viel ändert, wenn ich darüber spreche. In diesem Fall möchte ich wissen, warum um alles in der Welt ich hier bin. Es scheint zu beweisen, daß es egal ist. Und das alles ist mir wieder sehr vertraut.

Ich sagte, es gebe trotzdem *etwas* Hoffnung, daß jemand mit einer neuen Zusammenstellung der Zutaten auftauchen und ihre Vorliebe für die Sorte Eiscreme überwinden konnte, für die *sie* sich entschlossen hat. Er könnte sie überzeugen, es einmal zu probieren – etwas davon könnte ein bißchen anders schmecken. Aber das stelle ihre besondere Art, mit den Dingen umzugehen, in Frage und mache sie von jemand anderem abhängig, was sie nur schwer ertragen könne.

Ich weiß nicht, warum mich das so sehr – ich fühle mich einfach irgendwie innerlich zusammengebrochen. (Sie schwieg für einige Minuten.) *Es hört sich komisch an, ich weiß nicht, was ich wirklich fühle, ich habe so das Gefühl, daß alles, was mich angefüllt hat [all the stuffing] aus mir heraus ist.*

Ich sagte, daß es so aussehe, als ob sie glaube, daß es nur Füllung sei, und wenn ich nicht in der richtigen Weise auf sie reagierte, sie sich nicht besser fühle, sondern sie im Gegenteil innerlich kollabiere.

Was ist nur Füllung? Ich weiß nicht, ob wir über das gleiche sprechen. Ich spreche davon, daß ich mich wie eine Puppe fühle, wie Petruschka. Vermutlich ist es so, daß ich immer auf jemanden warte, der etwas sagt oder tut, um mich in Gang zu bringen, wie eine geduldige Puppe. Aber nicht immer. Ich warte, daß mich jemand aufzieht. Von außen, ich sehe aus wie eine mechanische Puppe.

Ich sagte, daß ich da nicht sicher sei: Von außen sehe Petruschka wie jemand Wirkliches aus, aber sie scheine das Gefühl zu haben, daß innen nur Füllung sei, oder nur etwas Mechanisches.

Ja, das stimmt, es ist nicht so, daß es innen völlig leer wäre, ich brauche etwas, um in Gang zu kommen. Ich bin immer sehr erleichtert, wenn etwas passiert, das es anstößt. Andernfalls bleibe ich einfach stecken – ich bin *steckengeblieben.*

Ich sagte, ich meine, daß ihre gegenwärtige Verfassung mit dem vor uns liegenden Wochenende in Beziehung stehe, ihrer Furcht, in einem Zustand des Nicht-angestoßen- und Nicht-aufgezogen-Werdens zurückgelassen zu werden.

Vielleicht hat es mit dem Wochenende zu tun – es ist mir schon ein paar Mal durch den Kopf gegangen – ohne mit irgend etwas verbunden zu sein, daß es Freitag ist. Das klingt nicht sehr hoffnungsvoll. Wenn ich mich so fühle, ist da eine solche Leere, verlege ich alles von innen nach außen. Ich schwinge dann so mit meiner Doktorarbeit mit, manchmal fühlt es sich gut an, funktioniert es, ein andermal klappt nichts. Ich muß mich daran erinnern, indem ich auf meine Doktorarbeit schaue, daß da etwas ist. *Ich schwanke zwischen einem Gefühl von Skepsis, daß irgend jemand meine Doktorarbeit o.k. finden könnte – besser als o.k. – natürlich. Manchmal frage ich mich, ob ich den Interviewern für die Therapieausbildung nicht einfach eine falsche Fassade präsentiert habe. Falls es sich so verhält, spricht das nicht gerade für ihr Auswahlverfahren. Ich schwanke zwischen einem Gefühl von Skepsis, daß irgend jemand meine Doktorarbeit o.k. finden könnte – mehr als o.k. und dem Gedanken, daß ich natürlich hätte angenommen werden sollen, daß an meiner Arbeit etwas Gutes ist.*

Ich sagte, ich glaube, sie vermittle, wie sie zwischen dem Gefühl pendle, ganz angefüllt von etwas Erregendem und Wunderbarem zu sein, das keinen Zweifel an ihrer Überlegenheit ließe und aus dem heraus sie das Auswahlverfahren und ihren Analytiker verachte, und dem plötzlichen Gefühl, ausgelaugt und leer zu sein, voller Zweifel, daß irgend jemand glauben könnte, sie habe überhaupt etwas in sich.

Während Frau B. einerseits überrascht und schockiert war, daß sie nicht sofort schwanger wurde, hatte dies andererseits ein tieferes Gefühl von Defizienz bestätigt, so als ob tatsächlich mit ihr etwas nicht stimme, wofür ihre Eltern verantwortlich waren.

Diese Themen durchzogen alles – das Bild von sich als einer schönen, strahlenden und verführerischen Prinzessin, der es zustand, für immer mit Mutter und Schwester in einem idealisierten Haus auf dem Land zu leben, während der lästige und unwillkommene Vater im Ausland war, oder aber in Shangri La auf einer lieblichen Insel, mit einem ihr absolut ergebenen Vater, während Mutter und Schwester zur Bedeutungslosigkeit herabgesunken waren.

Ähnlich, glaube ich, hatte sie eine fast wahnhafte Shangri-La-Beziehung zu ihrem früheren Analytiker aufgebaut in dem Gefühl, auf dem Feld der Psychotherapie, das ihren Analytiker und ihren Vater gleichermaßen interessieren und erfreuen würde, wie eine Prinzessin willkommen zu sein. Es war erstaunlich, daß sich dies auf kein besonderes Interesse ihrerseits begründete, außer ihrem Wunsch nach Besitz und nach der Herstellung dieses fast wahnhaften Gefühls von Intimität, innerhalb dessen sie vergöttert wurde.

Es schien offensichtlich, daß diese Rückzüge in fast wahnhafte Zustände – wie bei Frau A. – eine lebenswichtige Funktion erfüllten, indem sie die Bedrohung durch Gefühle der Kleinheit, der Leere und des Ausgeschlossenseins abwehrte, welche ihr vermittelten, daß mit ihrem Körper und ihrer Psyche etwas zutiefst nicht in Ordnung sei. Wenn sie glaubte, daß ihr Objekt nicht bereit war, dieses System zu stützen, war sie ärgerlich und verletzt, und ich zweifle kaum, daß sie auf ihren Vater Druck ausübte, damit er den medizinischen Eingriffen während ihrer Adoleszenz zustimmte.

Sie drückte ihren Groll offener aus als Frau A. und war oft verärgert, eingeschnappt und voller Vorwürfe. Sie rief in ihrem Objekt ein schreckliches Verantwortungsgefühl für den Wegzug von Shangri La hervor, wenn sie nur in ihren Phantasien zurückkehren konnte – ihren sexuellen Phantasien und ihren Phantasien von großartigem akademischen oder beruflichen Erfolg.

Und trotzdem war für diese Patientin die innere Erfahrung von Leere und Verlassenheit sehr viel näher als für Frau A. Als ich zum ersten Mal in der Sitzung intervenierte, gab sie zu verstehen, wie nahe sie dem Rückzug in einen Zustand des Grolls war (was sie oft auch tat), brachte dann aber ihr Bewußtsein eines viel hoffnungsloseren inneren Zustands zum Ausdruck.

Trotzdem war es schwer zu glauben, daß sie irgend einen konstruktiven Gebrauch von den »Früchten«, die ich ihr anbot, machen würde, daß sie das Gefühl widerwilligen Mitmachenmüssens und sich mit allem Erreichbaren anzufüllen, vermeiden könnte, was ihr den verlorenen Zustand nicht zurückbrachte.

Diskussion

Ich bin der Auffassung, daß der Groll im Falle von Frau A. sowohl Ausdruck eines dem Wesen nach narzißtischen, fast wahnhaften Systems als auch ein Mittel zu dessen Aufrechterhaltung ist. Sie mußte sich gegen die Realität verteidigen, die das Bewußtsein von schmerzlichen und störenden Aspekten ihrer Lebensumstände oder ihrer selbst einschließt. Als diese Abwehrorganisation in der Analyse bedroht wurde, neigte sie dazu, nicht mit Einsicht, Depression oder Schmerz zu reagieren, sondern mit einem Gefühl von Bedrohung und Verrat, wofür sie das Objekt beschuldigte, und diesem schob sie auch die Verantwortung für die entstandene Angst zu.

Frau A. hatte den unerträglichen Schmerz und die Verwirrung durch die Wahrnehmung der elterlichen Beziehung, mit der sie nachdrücklich während der Schwangerschaft ihrer Mutter konfrontiert war, durch den Rückzug in eine private Welt bewältigt, in der sie die schöne Prinzessin oder Königin mit den wertvollen Besitztümern in ihrem Bauch war. Als sie in ihrer Analyse meine bevorstehenden Ferien wie beim Ausschluß vom elterlichen Paar mit Gefühlen von Zurückweisung und Eifersucht bedrohten, betonte sie die Bedeutung ihrer eigenen aufregenden Arbeit und berichtete dann von einem Traum, in dem sie sich noch einmal in die Welt zurückzog, in der sie eine schöne und berühmte Prinzessin war, umgeben von schönen Dingen, die eine verhaßte, neidische Kreatur anzugreifen versuchte. So wandte sie sich wiederholt dem Inhalt ihrer eigenen Psyche und ihres Körpers zu, dargestellt durch die wertvollen Juwelen und das Baby, der auch eine sadomasochistische Version des elterlichen Geschlechtsverkehrs enthielt, um sich gegen das unerträgliche Bewußtsein ihrer Situation zu verteidigen. In dieser Konfiguration wird der Analytiker als hochambivalente Gestalt repräsentiert – vorwiegend als der häßliche und gefährliche Hund, der sie mit dem Raub ihrer Juwelen und ihres fast wahnhaften Zustands, in den sie sich zurückziehen muß, bedroht. All dies wird auf eine Weise vorgebracht, die dazu geeignet ist, beim Analytiker Zweifel an der Qualität seiner Arbeit hervorzurufen. Wenn er solche Zweifel zum Ausdruck bringt, wird dadurch meist ihr Gefühl von Groll entflammt und eine sadomasochistische Interaktion gefördert.

Frau B. zeigte ähnliche Züge. Auch sie bewahrte wahnhafte Erinnerungen an eine idyllische Zeit, entweder auf dem Land mit Mutter und Schwester (während ihr Vater fort war) oder verstrickt in eine erotisierte Beziehung mit ihrem Vater, wobei sie, der kluge, talentierte, »besondere« Partner, und Mutter und Schwester eingeschlossen waren. Wie Frau A. war auch sie unzufrieden und beunruhigt durch ihre körperliche Größe und Gestalt und überredete ihren Vater, einem konkreten Versuch zuzustimmen, »perfekte« Brüste zu erreichen. Ebenfalls ähnlich behandelte sie ihre vorangegangene Analyse als eine Art »Shangri La«, von welchem sie durch eine dumme und fordernde Organisation, bei der sie sich beworben hatte, auf rohe Weise weggezwungen wurde. Sie vermittelte keinen echten Wunsch, Therapeutin zu werden, keinen wirklichen Wunsch nach einem Kind oder einem zweiten Kind, nach der Fertigstellung ihrer Doktorarbeit oder einem Fortschritt in ihrer Analyse. Wie in der Sitzung, von der ich berichtete, klar wurde, schienen dies reichlich verzweifelte Maßnahmen zu sein, zu denen sie in dem Bemühen, einen wahnhaften Zustand von Fülle und Vollkommenheit wiederherzustellen, Zuflucht nahm.

Wenn sie das Gefühl hatte, daß ich ihre Anstrengungen in Frage stellte (was sie oft glaubte), reagierte sie manchmal verletzt und zog sich in ein vorwurfsvolles Schweigen zurück oder forderte mich zu einer Auseinandersetzung heraus. In der Sitzung, die ich beschrieben habe, machte dies schnell Platz für etwas, das Einsicht in eine innere Leere zu sein schien, ein Gefühl von Puppenhaftigkeit und einen Zwang, Dinge auf eine Art zu konstruieren, die sie nicht bereicherte. Die Leere spiegelte sich in ihrer Vorstellung von der vollgestopften Puppe wider, die aber, wie sie erkannte, lebendig werden *könnte*, wenn sie aufgezogen wurde – falls es ihr gelang, den Analytiker zu einer der bekannten Auseinandersetzungen oder einer sadomasochistischen Interaktion zu provozieren. Es war allerdings schwierig zu entscheiden, inwieweit dies echte Einsicht darstellte und bis zu welchem Ausmaß es einfach Anpassung war, indem sie etwas schluckte, das sie nicht überzeugte, aber den Raum füllte.

In ihrem Aufsatz über Psychoanalyse und Gedankenfreiheit schreibt Segal (1981): »... Während omnipotente Phantasie die Erfahrung von Mangel verleugnet, kann Denken, das den Mangel zuläßt, dazu benutzt werden, äußere und innere Wirklichkeit zu erforschen und mit ihr umzugehen«. »Gedankenfreiheit ... meint die Freiheit, unsere eigenen Gedanken zu kennen ... die willkommenen wie die unwillkommenen, die ängstlichen Gedanken, diejenigen, die als ›schlecht‹ oder ›verrückt‹ empfunden werden ebenso wie die konstruktiven Gedanken und jene, die man als ›gut‹ oder ›gesund‹ empfindet. Gedankenfreiheit bedeutet in der Lage zu sein, ihre Gültigkeit in Begriffen von äußerer oder innerer Realität zu überprüfen. Je freier wir denken können, desto besser können wir diese Realitäten beurteilen und desto reichhaltiger sind unsere Erfahrungen«. Da jedoch »Denken die Omnipotenz unserer Phantasie begrenzt ... wird (es) wegen unserer Sehnsucht nach dieser Omnipotenz angegriffen«. Also gilt,

»Wenn wir vom Baum der Erkenntnis von Gut und Böse essen, schließen wir uns selbst vom Paradies aus«. (Übersetzung H. W.)

Ich glaube, bei den Patientinnen, die ich beschrieben habe, waren die beträchtlichen Einschränkungen ihres Denkens und ihres Lebens nicht nur das Ergebnis dieses Angriffs auf ihr eigenes Denken. Ich meine, sie strebten beide mehr oder weniger erfolgreich und auf etwas unterschiedliche Weise danach, die Omnipotenzphantasien durch unablässige Angriffe gegen das Objekt aufrechtzuerhalten, das sie nach ihrem Empfinden daran hinderte, den Zustand, der durch die Omnipotenzphantasie repräsentiert wird, zu erreichen oder zu ihm zurückzukehren. Hierin liegt die Grundlage für den Groll, der somit einen Angriff auf die Realität und die Gedankenfreiheit sowohl bei der Patientin wie auch bei ihrem Objekt darstellt.

Aus dem Englischen von Helga Weßner

Literatur

Britton, R. S. (1989): The missing link: parental sexuality in the Oedipus complex. In: Britton, R. S., Feldman, M., and O'Shaughnessy, E.: The Oedipus Complex Today. London: Karnac Books.

Meltzer, D. (1990 [1966]): Die Beziehung der analen Masturbation zur projektiven Identifizierung. In: E. B. Spillius (Hrsg.): Melanie Klein heute. Band 1. Beiträge zur Theorie. München, Wien: Verlag Internationale Psychoanalyse, 130–147.

Segal, H. (1992 [1981]): Psychoanalyse und die Freiheit des Denkens. In: Dies.: Wahnvorstellung und künstlerische Kreativität. Stuttgart: Klett-Cotta, 273–285.

Steiner, J. (1993): Psychic retreats: Pathological organizations in psychotic, neurotic and borderline Patients. London: Routledge.

Diskussion

Es wird nach dem klinischen Beispiel von Frau B. gefragt. Der Teilnehmer wirft die Frage auf, warum der Analytiker das Material, das sich offenbar auf Trennungsängste am Wochenende bezog, nicht aufgegriffen hatte. Er meint, Kleinianer hätten dieses Material früher wohl auf solche Weise aufgegriffen.

Michael Feldman: Ich glaube, es geht nicht darum, welches die tiefere Angst, sondern welches die zugänglichere ist, und ich glaube, daß Ihre Deutung absolut in Ordnung gewesen wäre. Sie brachte aber auch deutlich zum Ausdruck – sowohl durch die angestrengte und ängstliche Art, in der sie sprach, wie auch durch den Inhalt – daß es da etwas gibt, das sie haben möchte, etwas, von dem sie das Gefühl hat, daß sie es von niemand anderem bekommen kann. Es ist, als ob sie eine ganz bestimmte Lösung des Problems im Sinn hätte – ihr eigenes Rezept, ihre eigene Verordnung. Sie erwartet, daß nahezu alles, was ich ihr geben könnte, definitionsgemäß nicht das Richtige sein wird. Ich glaube, es ist das, was sie deutlich macht, wenn sie über Eiscreme spricht, die sie im Kühlschrank hat und die sie möchte: Ganz gleich, wie köstlich die Zubereitung gewesen war, die ihr Ehemann für sie hergestellt hatte, es war nicht das, was sie wollte. Was ich aufzugreifen versuchte, war, daß sie gleichzeitig vermittelte, daß diese Situation eine Art Hoffnungslosigkeit an sich hatte. Es war nicht so, daß sie lebendig über ein bestimmtes Projekt gesprochen hätte, das sie plant und von dem sie sich Befriedigung erhofft. Sie vermittelte im Gegenteil, daß sie in dieser ziemlich starren und eintönigen Art zu funktionieren steckengeblieben ist und daß sie nicht glaubt, irgendeine wirkliche Befriedigung könne dabei herauskommen. Und ich denke, es ist diese Art von Sackgasse, in der sich diese Patientin in ihrem Leben zu befinden glaubt.

Ein Teilnehmer wirft ein, daß die Patientin wohl das Gefühl hatte, daß alles, was ihr Ehemann lieferte, sie in vieler Hinsicht nicht befriedigte.

Michael Feldman: Ja, ich glaube, es gibt mehrere Gründe, weshalb sie sich nicht vorstellen kann, daß das, was das Objekt ihr gibt, sie irgendwie befriedigen wird. Ein Großteil der Analyse befaßt sich mit dem Versuch, diese Gründe zu klären. Einer besteht darin, daß sie das Gefühl hat, daß die Leute alles falsch auffassen: Sie mißverstehen, was sie möchte oder reagieren zur falschen Zeit oder auf die falsche Weise. Ein anderer hat mit ihrem Neid zu tun, daß es für sie sehr schwer zu ertragen ist, daß irgend jemand irgendeine Befriedigung darin finden könne, etwas für sie zu tun. Aber der dritte – und das würde besser zu meinem zentralen Thema passen – besteht in dem Glauben, daß nichts wirklich eine Befriedigung für das bereitstellt, was ich die fast wahnhafte Phantasie genannt habe. Sie glaubt, daß es keinerlei Nahrung gibt, womit sie irgend jemand, sie selbst eingeschlossen, versorgen könnte, die diesen von ihr als so unangenehm empfundenen Zustand bessern könnte.

Ron Britton: Es ist gesagt worden, daß die Kleinianer früher vielleicht eine andere Interpretation gegeben hätten, und meine Gedanken gingen in eine ähnliche Richtung. Das ist es, worum es in der Geschichte von der Eiscreme, dem Obst usw. ging, deren Material Michael als die Schwierigkeit aufgreift, zwei Dinge zusammenkommen zu lassen. Man könnte sich ebenso leicht vorstellen, daß dies zu einer annähernd vorhersagbaren Deutung in Hinblick auf Neid geführt hätte. Ich denke, es wäre interessant für uns, folgendes zu überlegen: Wenn sich in dem, was wir zum Deuten aufgreifen, ein Wandel vollzogen hat, ist es dann ein Wandel im Denken, ein Wandel im Fühlen oder ein Wandel in der Technik?

John Steiner: Ich würde es begrüßen, wenn Michael die Frage, was den Ärger hervorgerufen hat, gegen wen er sich richtet und wie er sich in der Übertragung manifestiert, noch etwas weiter ausführen könnte. Mich hat sein Bild von einer Art ödipalen Konfiguration, die eine Beziehung von sehr besitzergreifendem Charakter zu einem Objekt einschließt, die er eine fast wahnhafte Beziehung nennt, sehr überzeugt. Und ein drittes Objekt ist auch einbezogen, nämlich das beobachtende Objekt. Das steht natürlich in Verbindung zu dem, was wir gestern über Scham, Erniedrigung und Stolz sagten und was auch wieder ein drittes Objekt einschloß. Nun brachte Michael den interessanten Gedanken, daß das dritte Objekt auch über ein Wissen hinsichtlich derjenigen Realität verfügt, die diesem Wahn widerspricht. Die Patientin haßt dieses Wissen, weil es den wahnhaften Besitz des Objekts stören würde. Aber ich verstehe dann nicht ganz, wie diese Objekte in der Übertragung repräsentiert werden. Ich bin sicher, daß Michaels Beschreibung zutrifft, wonach die Patientin glaubt, daß der Analytiker in Wirklichkeit zur Hälfte ein gutes Objekt und nicht das gehaßte Objekt ist. Heißt das nun, daß der Analytiker sowohl zeitweise das dritte Objekt ist, das beobachtende Objekt, das der Patientin Wissen überlassen will, als auch das in Besitz genommene Objekt? Ich finde es sehr schwierig, das herauszubekommen. Wenn der Analytiker das in Besitz genommene Objekt ist, wo ist dann das dritte Objekt? Für mich ist die Beschreibung ganz und gar überzeugend, aber die Frage, wo man sich in der Übertragung jeweils gerade befindet, reichlich verwirrend.

Michael Feldman: Wir haben hier eine Menge schwieriger und interessanter Probleme, an denen ich immer noch arbeite. Bei diesen Patienten bin ich nicht so überzeugt, daß das Objekt im Grunde genommen wirklich als gutes Objekt empfunden wird. Ich glaube, daß die Patienten, die sich in diesem Zustand von Groll befinden, mit einem Objekt in Beziehung stehen, zu dem sie eine idealisierte, unrealistische Bindung haben – eine Art Shangri-La-Beziehung. Diese Patienten versuchen ständig, den

Analytiker dazu zu bringen, den anderen Aspekt ihrer Aufgabe fallen zu lassen, der etwas mit Realität und analytischer Arbeit zu tun hat, um schließlich wieder ins »Nest zurückzukommen«. Vermutlich war es für diese Patienten genauso in der Beziehung zu ihrem primären Objekt. Es ist, als ob der Patient zur Mutter sagen wollte (und dies berührt Ron Brittons Vorstellungen): »Kehre in eine idealisierte Beziehung mit mir zurück und gib diese Vorstellung, Geschlechtspartner des Vaters zu sein, auf – gib jedwede Vorstellung auf, eine unabhängige Psyche oder ein unabhängiges Leben zu haben. Es wäre so wunderbar: Wir wären in einer Art Shangri-La-Zustand zusammen«. Der Punkt, den John Steiner gestern hervorhob und den ich für außerordentlich wichtig halte, ist der, daß diese Patienten oft das Gefühl haben, daß das Objekt sie zu der Überzeugung verführe, daß dies möglich sei. Und ein Teil des Schmerzes und der Wut in Verbindung mit der ödipalen Situation geht darauf zurück, daß der Patient oft das Gefühl hat, es habe ein Versprechen gegeben, das gebrochen wurde. Sie kennen den bekannten Titel des Buches: *I never promised you a rose garden.* Diese Patienten meinen immer, man habe ihnen einen Rosengarten versprochen, und sie haben das Gefühl, daß das Objekt, ganz gleich, ob Vater oder Mutter, die Tatsache auszulöschen versuchte, daß es dies versprochen hat. Ich glaube, daß das dritte Objekt ursprünglich in der Mutter untergebracht ist und daß es ein Bestandteil der triangulären Konfiguration zwischen dem kleinen Kind und der Mutter ist. Was als drittes Objekt betrachtet wird, das gehaßt wird und das man loswerden muß, damit die Mutter in eine Art wahnhafte Situation zurückgeholt werden kann, ist der Realitätssinn der Mutter und ihre Verbindung mit dem Vater. Hier gibt es einen Berührungspunkt zu etwas, worüber Winnicott schreibt, obwohl er darüber so schreibt, als ob es sich, zumindest vorübergehend, um einen wünschenswerten Zustand handele. Ich glaube, daß diese unerwünschten und verfolgenden Qualitäten in einem späteren Stadium oft in ein wirkliches drittes Objekt, den Vater, projiziert werden, der dann in dieser Beziehung als bedrohlich und störend erlebt wird. So war es bei meiner zweiten Patientin, Frau B., die beanspruchte, mit Mutter und Schwester eine wunderschöne Zeit in Devon verbracht zu haben, die ihr Vater brutal unterbrach, indem er sie alle zu sich zitierte. Ich glaube, alles spricht dafür, daß die Beziehung zu ihrer Mutter von Anfang an höchst problematisch und unbefriedigend war. Aber es verhält sich so, als ob dann all' die schwierigen und frustrierenden Eigenschaften in den Vater projiziert worden wären, und sie baute eine wahnhafte Überzeugung dieser glücklichen Zeit mit ihrer Mutter auf. Ich glaube, daß es sich hier um eine sehr geläufige Abfolge handelt, bei der die zudringlichen und hassenswerten Eigenschaften der Brust, die mit dem Realitätsprinzip verbunden sind, abgespalten und in den Vater projiziert werden.

Es wird nach dem Unterschied zwischen der Patientengruppe gefragt, die Michael Feldman beschreibt und die am Groll festhält, und jener, die John Steiner als rachsüchtig beschreibt. Erstere schien eher passiv und masochistisch, vielleicht auch perverser zu sein, letztere eher offen aggressiv. Der Teilnehmer fragt nach den möglichen Folgen für den Zustand des guten Objekts bei beiden Gruppen.

John Steiner: Einer der Punkte, auf den es mir ankommt, ist der der Umwandlung von Rache in Groll, was gleichbedeutend mit einer Umwandlung von Aktivität in Passivität ist. Ich glaube, daß das, was Michael beschreibt, das Endstadium ist, in dem sich die Umwandlung sozusagen stabilisiert, die Passivität idealisiert wird und der Groll ein Eigenleben entwickelt. Die von mir beschriebenen Fälle enthalten vielleicht mehr Anstrengung in Richtung Aktivität, die allerdings immer wieder scheitert.

Ron Britton: Ich hatte den Eindruck, daß zwischen Michaels erstem und zweitem Fall ein grundlegender Unterschied bestand. Nach meinem Empfinden geht es im zweiten Fall um die Klage über das verlorene Paradies, wohingegen sich Michaels erste

Patientin darüber beklagt, daß ihr Erstgeburtsrecht nie eingelöst wurde. Entsprechend verschieden sind ihre Beziehungen. Vor langer Zeit sagte Joan Riviere etwas, was wir nicht gerne aufgreifen. Sie zeigte, daß die logische Folge unserer Theorien auf diesem Gebiet darin besteht, daß wir Feinde brauchen. Wir brauchen Feinde, böse Objekte, gegen die wir erlaubtermaßen unsere aggressiven und destruktiven Gefühle richten können, genauso wie wir Freunde brauchen. Und ich bin der Auffassung, daß wir in der Rache, wie John sie beschreibt, nicht einem guten Objekt verhaftet bleiben, sondern dem guten Objekt erlauben, böse zu werden, um es anschließend als gutes Objekt wiederherzustellen. Dagegen bin ich der Auffassung, daß das, was Michael beschreibt, ein Gleichgewicht und eine Lähmung meint – einen entschiedenen Angriff auf ein möglicherweise nicht gutes Objekt, wie im Falle von Fräulein A., verbunden mit dem festen Ansinnen, daß es sich gefälligst wie ein solches verhalten sollte. Im Fall von Frau B. scheint die Beschwerde darin zu bestehen, daß Michael an sich ein gutes Objekt war, aber nun diese komischen Vorstellungen zu äußern beginnt und seine Seele an das psychoanalytische Institut verkauft hat. Ich meine, daß das technische Problem in diesen Fällen darin besteht, das Schlachtfeld zu meiden. Mir scheinen hier zwei Treueeide auf dem Spiel zu stehen. Da ist einmal der Treueeid des Patienten gegenüber dem Mythos, den Michael beschreibt und der das Vorgehen des Analytikers als feindselig begreift; und da gibt es auch den Treueeid des Analytikers gegenüber seinen eigenen Bindungen.

John Steiner: Als Michael meine erste Frage beantwortete, sagte er, daß das Objekt nicht immer ein gutes, sondern ein idealisiertes Objekt ist. Aber da wir über »ein gutes Objekt, das sich schlecht benimmt« sprechen, ist meiner Auffassung nach auch die Vorstellung im Raum, daß der Patient sagt: »Es ist mir egal, ob das Objekt gut ist oder nicht, solange es tut, was ich will«. Es sieht so aus, als ob ein solcher Patient ganz damit zufrieden wäre, ein böses Objekt zu haben, das sich gut benimmt, wobei er aber weder an sein Gutsein noch an sein Bössein wirklich glaubt.

Es wird ein technisches Problem angesprochen, das sich aus dem Fall von Fräulein A. ergibt. Dieser beinhaltete offenbar, daß der Analytiker von der Patientin sowohl für ein böses wie auch für ein gutes Objekt gehalten wurde, dessen Eigenschaften es wert waren, gestohlen zu werden. Wie könnte man vorgehen, um dies mit dem Patienten zu bearbeiten, ohne daß hierdurch erneut eine Ursache für Groll entsteht?

Michael Feldman: Das ist ein technisches Problem: Der Patient fühlt sich sehr schnell angeklagt, und es taucht die Frage auf, wie man eine Deutung formulieren soll. Ich glaube, daß manche Patienten deutlich spüren, daß sie die Dinge nicht richtig aufgenommen haben, was sie in diesem Punkt sehr verunsichert. Ich kann mich da zum Beispiel an einen Patienten erinnern, dem es unmöglich war, in Gegenwart anderer zu essen. Er machte es sich zur Gewohnheit, Nahrungsmittel zu horten, um sich zurückzuziehen und alleine zu essen. Dasselbe geschah in der analytischen Situation, wo er nichts aufnehmen konnte, wenn er beobachtet wurde: Er mußte es ganz heimlich tun. Ich glaube dies bedeutet, daß er nie das Gefühl hatte, daß ihn irgend etwas wirklich freuen oder wirklich nähren könnte. Es war so, als ob er einen geheimen Vorrat von Dingen hätte, die er in sich aufgenommen hatte. Manchmal fühlt sich ein solcher Patient verstanden und erleichtert, wenn man dies zu erkennen und zu beschreiben vermag. Aber ich glaube, daß es sich bei schwerer gestörten Patienten ein bißchen so verhält, wie mit dem technischen Problem der Deutung von Neid. Hier sind wir bei John Steiners Punkt der patientenzentrierten und analytikerzentrierten Deutung angelangt. Einige dieser Patienten beschäftigen sich viel mehr mit anderen Menschen, z. B. mit dem Analytiker, der ihnen etwas wegnehmen will, und dies war einer der Diskussionspunkte zum Traum von Fräulein A. Es ging nicht darum, daß sie diese Juwelen gestohlen hätte, sondern um den schrecklichen Hund, der sie zu bestehlen versuchte. Sie war eine Patientin, die sich intensiv mit anderen Menschen beschäftigte, die auf sie neidisch waren, weshalb sie wie ein armes kleines Waisenkind in zerlumpten Kleidern herumlaufen mußte, weil sie wußte, daß sie solchen Neid hervorrufen würde. Oft ist während eines langen Zeitraums der Analyse der einzige Ort, an dem man Gier, Stehlen oder Neid deuten kann, der andere, der Analytiker. In bezug auf den Analytiker haben die Patienten oft die Vorstellung, daß er nicht nur ihr Geld stiehlt oder ihnen ihre Einfälle nimmt, sondern daß er sie auch für seine eigenen Zwecke benutzt, um z. B. darüber zu schreiben. Ein Körnchen Wahrheit mag ja daran sein, aber entscheidend ist, was sie als Beweggrund dahinter vermuten, und sie gehen oft von einem bösen aus. Manchmal muß man dabei bleiben, diese ausbeuterischen Motive als im Analytiker angesiedelt zu deuten. Sobald man versucht, sie im Patienten selbst zu deuten, fühlen sie sich verfolgt und glauben möglicherweise, daß der Analytiker oder die Analytikerin auf diese Weise versucht, seine oder ihre eigenen negativen Motive zu verleugnen.

Ich finde, daß es bei den Patienten, die John Steiner beschreibt, recht deutlich unterschiedene gute und böse Objekte gibt. In ihrer Psyche hat die Phantasie von Rache notwendig den Glauben an ein gutes und ein böses Objekt zur Folge. Dagegen sind die Objekte bei den Patienten, über die ich spreche, viel mehr durcheinandergemischt: Die guten und bösen Eigenschaften des Objekts sind mehr miteinander verbunden. Ich glaube nicht, daß hier viel von einem Glauben an irgendein gutes Objekt anzutreffen ist. Meiner Ansicht nach besteht die wahnhafte Idee darin, daß es ein Objekt gibt, das den Patienten in einen bestimmten phantasierten Zustand zurückversetzt, anstelle eines Objekts, das den Patienten wirklich füttert oder nährt. Natürlich schließt der Wunsch eines Patienten, vom Objekt etwas zu stehlen, nicht unbedingt ein, daß dieses Objekt in der Psyche des Patienten ein gutes Objekt ist. Um dies beispielsweise mit Ron Brittons Beitrag über die Patientin in Verbindung zu bringen, die glaubte, ihr sei das Erstgeborenenrecht weggenommen worden, kann eine solche Patientin z. B. das Gefühl haben, sie sei beraubt worden und müsse sich die Dinge auf die gleiche Weise wieder zurückholen. Ein solches Objekt ist nicht unbedingt ein gutes Objekt: Zwischen der Patientin und dem Objekt wird eine Art Zermürbungskrieg geführt, wobei die Patientin meint, daß das Objekt etwas besitzt, das sie braucht, um sich wohlzufühlen. Wenn dies nur durch Stehlen zurückzuerlangen ist, dann muß man eben genau das tun.

Ron Britton: Ich möchte gerne etwas unterstreichen, was Michael gesagt hat und was ich besonders eindrucksvoll fand. Man spricht über die Verwendung von Projektion bei diesen Patienten. Wie ich denke, wird sich herausstellen, daß es nicht nur das Wissen ist, das der Patient nicht haben will, welches projiziert wird, was schon schlimm genug ist, sondern auch die Fähigkeit zu wissen. Diese Fähigkeit zu wissen ist es, die der Patient nicht zurückhaben möchte. Das heißt, daß der Analytiker mit einer Art persönlichem Unglück alleingelassen ist, das darin besteht, zu wissen, was vor sich geht, ohne dieses Wissen mit dem Patienten teilen zu können.

Ein Diskutant fragt nach der Auffassung der drei Referenten vom Ödipuskomplex, die sich von der Freudschen Sichtweise offenbar dadurch unterscheide, daß sie insbesondere Gefühle der Erniedrigung und Verfolgung beim Kind durch den gleichgeschlechtlichen Elternteil hervorhoben. Darüber hinaus scheine der Ödipuskomplex in einer mehr depressiven oder mehr paranoid-schizoiden Form auftreten zu können.

John Steiner: Ich glaube, daß Michael nicht vorhatte, alle möglichen Konfigurationen zu beschreiben. Eine, die man häufig antrifft, ist z. B. die, sich ohnmächtig zu fühlen. Der Patient versucht, einen in ein Objekt zu verwandeln, das alles in Ordnung bringt und haßt die Realität von dessen Schwäche: Dies ist Teil des Hasses auf die Realität. Das erinnert mich an einen Patienten, der über Schmerzen in seinen Füßen – eine seiner hauptsächlichen Beschwerden – klagt. Er geht zu Wunderheilern, zur Massage, zur Akupunktur usw. Genauso versteht er die Analyse. Wenn ich ihm zeige, wie sehr er analytisches Verstehen verachtet, antwortet er: »Das ist mir egal, wenn es nur den Schmerz in meinen Füßen heilt«. Es interessiert ihn nicht, ob die Analyse ein gutes oder böses Objekt ist. Sie muß ihm Linderung verschaffen, und sein Haß gilt meiner Schwäche, meinem Unvermögen, ihm die Erleichterung zu verschaffen, die er verlangt.

Michael Feldman: Ich finde, ein interessanter Punkt ist die Anwesenheit eines mehr oder weniger ohnmächtigen Objekts. Im Fall von Frau B. gab es solange keine Schwierigkeiten zwischen uns, als ich ein reichlich hoffnungsloser Zuschauer war, der sich alles anhörte, was vorfiel und womit sie Schwierigkeiten hatte (auch die Art und Weise, in der *sie* die Dinge darstellte, da es bei ihr außerordentlich stolze, überhebliche und narzißtische Seiten gab). Die Situation war hoffnungslos, aber es gab keine Schwierigkeiten. Diese begannen in Erscheinung zu treten, als ich allmählich meinen Mund aufmachte. Da wurde ich zum Eindringling. Ich tue dann entweder etwas Böses, oder, wie John es formulieren würde, versäume es, etwas Gutes zu tun. Solange ich dasitze wie eine Puppe oder wie ein Zeuge, die Achseln zucke und ihr sage, daß die Welt ein schrecklicher Ort für sie sei, gibt es zwischen uns keine Probleme.

Ein Teilnehmer äußert, es bereite ihm Schwierigkeiten, das Material über Frau B. in Michael Feldmans Beitrag als Dreierbeziehung zu sehen.

Ron Britton: Man hat die Frage aufgeworfen: »Warum um alles in der Welt schlagen wir uns immer wieder mit diesem Dreieck herum, wo das Leben doch aus Paaren besteht?« Ich scheine mit diesem Problem angefangen zu haben, deshalb sollte ich diese Frage vielleicht auch aufgreifen. Ich ging von einer sehr einfachen Prämisse aus. Es ging darum, daß – ganz gleich welche Dyaden in der frühen Kindheit bestanden haben mögen – die Menschen, mit denen wir es zu tun haben, sich nicht mehr auf der kindlichen Stufe befinden. Deshalb sind sie, unabhängig von den Erfahrungen, die sie später gemacht haben oder jetzt machen, gezwungen, diese im Licht ihrer späteren Erfahrungen wahrzunehmen, was die Ödipussituation wie auch die frühe Ödipussituation einschließt. Deshalb – Ketzerei hin oder her – hat mich die Vorstellung von echten dyadischen Begegnungen in der Analyse, von denen ein drittes Objekt dauerhaft ausgeschlossen ist, nie überzeugt. Denn ich bin der Meinung, daß das Wissen von der augenblicklichen oder zukünftigen Existenz eines dritten Objekts unvermeidlich ist. Sicherlich gibt es glückselige Augenblicke in der Analyse (Melanie Klein beschreibt sie als »Erinnerungen in Gefühlen«), in denen die gefühlsmäßige Wiederbelebung einer frühen Situation möglich ist, die nur das Selbst und einen Anderen einschließt. Aber dies ist immer eine Situation des Nahen-Bevorstehens [imminence], weil es *damals* eine Situation des Nahen-Bevorstehens war, die kurz vor einer Veränderung stand und sich dann auch in eine andere Situation verwandelte. Ich bin daher ganz sicher, daß es solche flüchtigen Augenblicke in der Analyse gibt, aber die Vorstellung, daß man ganze Sitzungen, Wochen oder gar Jahre damit verbringen kann, sich in einer Kindheit zu befinden, die, wie wir gerne glauben möchten, niemals den Punkt erreicht, an dem es kein anderes sichtbares Objekt gibt, hat mich nie beeindruckt. Ich denke, wenn dies der Fall ist, ist sicherlich Verleugnung am Werk. Ich habe die Erfahrung gemacht, daß die Patienten, in deren Analyse ich diese wunderbaren dyadischen Begegnungen erlebte, diejenigen sind, die sich der kleinsten Erweiterung ihres Horizonts auf das Stärkste widersetzten und sehr leicht Verfolgungsgefühle entwickelten.

Ein Diskutant äußert, daß in dem, was Ron Britton als glückseligen Augenblick beschreibt, das dritte Objekt schon noch vorhanden sei, aber außerhalb des Raums.

John Steiner: Ein weiterer Gedanke, den Melanie Klein hervorhebt, bezieht sich darauf, daß die Funktion des dritten Objekts, vor allem des Vaters, in sehr frühen Entwicklungsstadien eine indirekte ist. Das heißt, daß die wichtigste Funktion des Vaters darin besteht, der Mutter zu helfen. Wenn der Vater zu persönlich in die Mutter-Kind-Beziehung eindringt, ist die Ursache hierfür gewöhnlich Neid und Haß auf dieses Paar. Was mich in bezug hierauf an dem von Michael präsentierten Material interessierte, hatte mit der Einführung fester Kost in den Ernährungsplan des Babys zu tun. Nach meiner Auffassung kann man die Erwähnung des Obstes und der Eiscreme so verstehen, daß das Baby sagt: »Du hast zu früh mit etwas Festem angefangen. Ich möchte homogene Speisen, im Grunde mehr wie die Brust, ohne irgendeine Einführung eines männlichen Elements«. Man findet dies manchmal als Überempfindlichkeit gegenüber allem, was rauh ist: Manche Menschen können am Strand Sand in ihren Schuhen gut ertragen, andere nicht. Das erinnert mich an die Geschichte von der Prinzessin auf der Erbse. Manche Menschen sind so empfindlich, daß alles Rauhe unerträglich ist. Ich glaube, daß dies mit der Phantasie einer vorzeitigen Einführung des Vaters in Zusammenhang steht, der die Rauhigkeit in die idealisierte, sanfte Milch einführte. Hier haben wir ein Problem vor uns, denn man kann mit Recht fordern, daß das Hinzutreten des Vaters zum primären Paar berechtigt ist, vor allem wenn er die Mutter unterstützt, und durch die Einführung fester Nahrung zum richtigen Zeitpunkt. Dennoch gibt es natürlich viele Patienten, für die der richtige Zeitpunkt nie gekommen ist.

Michael Feldman: Ich hatte den Eindruck, daß die Situation mit dem Obst und der Eiscreme mit Triangularität nur so aufgeladen war und daß sie auf eine Art, die man der Kürze halber narzißtisch nennen könnte, in hohem Maße pathologisch war. Ich nahm an, daß die Beziehung zur Eiscreme das war, was ich als wahnhafte Beziehung zu einem Objekt beschrieben habe, das die Patientin selbst besitzt und kontrolliert. Als die Patientin ins Zimmer kam, wurde ich deutlich in die Position eines Dritten versetzt. Zwei Arten von dritter Position schienen zu diesem Zeitpunkt möglich zu sein: Entweder war ich einfach anwesend als hilfloser Zeuge, oder sie ging davon aus, was wahrscheinlicher war, daß ich mich wie dieser Sand oder Splitt auf dem Stück Obst oder so ähnlich verhalten würde. Anders gesagt, ich würde eingreifen wollen und etwas sagen oder tun, was sofort eine Art Aufbrausen nach sich zöge, dessen Erwartung sie vermittelte. Manchmal ging alles noch viel weiter und blieb eine tiefe Quelle des Grolls. Es gab also eine trianguläre Beziehung. Es war, als würde ich wie der Ehemann als eine Person erlebt, die eindringen und das, was sie wirklich wollte, stören würde. Die Phantasie bestand darin, daß sie die Eiscreme, die sie selbst hergestellt hatte, befriedigt hätte, wenn sie sie nur ungestört hätte genießen können. Ich glaube, daß so die wahnhafte Beziehung zur Brust ist: Es ist keine wirkliche Beziehung mit etwas.

Ron Britton: Michael beschreibt gerade die allzu vertraute Situation in der Analyse, in der der Analytiker »Obst« sagt und der Patient »Splitt«: Oder mehr noch: »Ihr Obst ist mein Splitt«. Und ich glaube, daß niemand in dieser Auseinandersetzung gewinnen kann. Aber ich wollte gleich zu der Frage zurückkommen, wie man über das dritte Objekt nachdenken kann: Ist es paranoid-schizoid, ist es ödipal oder ist es der Vater? Ich möchte Winnicott etwas abwandeln. Winnicott sagt etwas, was Bion sehr ähnlich ist, wo er sagt, daß vor der Brust eine *Idee* der Brust da war, was Bions Begriff der Präkonzeption sehr nahekommt. Ich glaube, daß vor dem Vater eine *Idee* des Vaters da war. Ich meine deshalb, daß wir hier nicht einfach über einen Versuch der Verleugnung von Geschichte oder Erfahrung sprechen. Wenn Sie so wollen, bin ich ein heimlicher Strukturalist: Ich glaube, daß es angeborene Strukturen gibt, die den Namen Vater, Gott oder auch Teufel bekommen können (welcher Name gewählt wird, ist natürlich sehr wichtig). Anders gesagt wartete am Strand grober Sand und eine Idee von grobem Sand, bevor man hinging. Die Patienten, über die wir sprechen und die die größten Schwierigkeiten auf diesem Gebiet haben, sind diejenigen, die wir als die Schwierigsten empfinden. Sie verleugnen nicht nur das, was wir Realität nennen, wobei wir die äußere Realität meinen: Ich glaube, daß sie Präkonzeptionen gleichermaßen verleugnen. Sie versuchen, die normale Entstehung und Entwicklung der Psyche zu verleugnen.

John Steiner: Darf ich etwas zur Unterscheidung von paranoid-schizoid und ödipal sagen? Wir unterscheiden deutlich zwischen der paranoid-schizoiden und depressiven Position, und es ist zutreffend, daß vieles an Melanie Kleins und Ron Brittons Beschreibung des Ödipuskomplexes ihn nahe an die depressive Position heranrückt. Aber das scheint mir etwas irreführend zu sein, und ein Teil meines Referats befaßte sich mit meinen Gedanken zum paranoid-schizoiden Ödipuskomplex. Das heißt aber, daß man zwischen paranoid-schizoid und ödipal nicht unterscheiden kann. Ich bin sogar davon überzeugt, daß Freuds Auffassung vom kastrierenden Vater die paranoid-schizoide Auffassung darstellt. Das ist diejenige Version, in der der Vater der Stärkere ist und den Sohn besiegt, der daraufhin seine inzestuösen Wünsche aufgibt. Aus meiner Sicht führt diese Auffassung zu einem Wunsch nach Rache. In der depressiven Auffassung des Ödipuskomplexes besiegt dagegen paradoxerweise der Sohn den Vater, und in seiner Phantasie hat er die omnipotente Wahnvorstellung, daß er stärker ist als der Vater. Erst wenn er den Leichnam seines Vaters vor sich sieht und schließlich auch den Schmerz der verzweifelten Mutter, erfaßt er die psychische Realität dessen, was er getan hat. Dann muß ein ganz neuer Prozeß in Gang kommen, der mit Trauer und Verlust, Vergebung und Wiedergutmachung zu tun hat und der in der paranoid-schizoiden Version des Ödipuskomplexes völlig unmöglich wäre. Deshalb würde ich keinen Unterschied zwischen paranoid-schizoid und ödipal machen, sondern zwischen verschiedenen Auffassungen des Ödipuskomplexes unterscheiden.

Ein Diskutant hat eine Frage zu einer Passage in Michael Feldmans Referat, in der der Analytiker nach dem Eindruck des Teilnehmers der Patientin unmittelbar vor ihrer Äußerung, daß sie sich fühle, als ob aus ihr die Füllung herausgekommen wäre, eine negative Deutung gegeben habe und daß sie danach in Schweigen verfallen sei.

Michael Feldman: In Wirklichkeit war sie nicht sofort still. Als erstes sagte sie, daß das, was ich gesagt hatte, sie innerlich kollabieren ließ, und dann erst sprach sie über die Füllung. Ich hatte nicht den Eindruck, eine negative Deutung gegeben zu haben. Ich glaube, ich habe versucht, mich in ihre Überzeugung, daß in ihrem Inneren nichts weiter als eine Füllung war, so gut wie möglich einzufühlen. Ich versuchte ihr Gefühl von Hoffnungslosigkeit anzusprechen. Ich glaubte, daß sie darauf reagierte – aber dann begann sie, sich aufzuregen und wurde eher feindselig und streitsüchtig. Meiner Überzeugung nach hatte sie kurz vorher gespürt, daß etwas angerührt worden war, das die Vorstellung von ein wenig Hoffnung geweckt hatte. Aber an diesem Punkt wird in der Patientin etwas in Gang gesetzt, das mit ihrer eigenen Hoffnungslosigkeit und ihrer Überzeugung zu tun hat, daß nichts irgendeinen Wert besitzt. An diesem Punkt kann sie, glaube ich, nichts anderes tun, als sich einer streitsüchtigeren und sadomasochistischeren Art von Befriedigung zuzuwenden.

Ein Teilnehmer fragt, wie es kommt, daß Analysen, die durch sehr viel Groll gekennzeichnet sind, leicht steckenbleiben und Gefahr laufen, nicht beendet werden zu können.

Michael Feldman: Ich denke, daß das Deuten in dieser Situation große technische Probleme aufwirft, weil man am Ende oft als eindringend erlebt wird. Meiner Meinung nach besteht hier eine Verbindung zu dem Beispiel von Stevenson in John Steiners Referat, weil ich glaube, daß das, was er illustriert, einen sehr wichtigen Umschlag darstellt. Es ist die Veränderung des Bildes dieser beiden Männer, die endlos unterwegs sind, wobei die Phantasie diejenige ist, eine Reise gehe immer weiter, selbst wenn der eine stürbe: Er würde als ein verfolgendes Objekt zurückbleiben, und sie wären für immer aneinandergekettet. Das erinnert an Patienten, die glauben, daß die Analyse ewig weitergehe, selbst wenn sie sie beendeten. Der Analytiker bleibt als verfolgendes Objekt in der Psyche des Patienten zurück, eingeschlossen in eine Art endloser Beziehung, die nirgendwo hinführt. Zu einem bestimmten Zeitpunkt war David in der Lage, die Veränderung zu vollziehen, und das fand ich außerordentlich interessant. Ich weiß nicht, was nach Johns Meinung diesen Wandel von einer Art *Perpetuum mobile* hin zu jemandem ermöglichte, der sagen kann: »Schau, laß uns doch etwas gemeinsam ins Angesicht sehen«. Ich wurde ein bißchen an Stracheys berühmte Arbeit über die mutative Deutung erinnert. Ich hatte den Eindruck, daß in diesem Moment David, der jüngere von beiden, bereit war, den anderen Mann herauszufordern, bereit war herauszufinden, ob der andere tatsächlich soviel mörderischen Haß in sich hatte, daß er ihn zerstören würde. Ich dachte, daß er sich jemandem gegenübersah, der sagte: »Ich will Dich nicht töten«, statt sich in dem bestätigt zu sehen, was Strachey die primitive Imago eines haßerfüllten, destruktiven Vaters nennt, der ihn ermorden will. Es war, als schien eine primitive psychotische Sichtweise des Objekts, mit dem er eingeschlossen war, durch diese Gegenüberstellung in Frage gestellt, und er nahm erstmals ein zugewandteres, fürsorglicheres Objekt wahr. Dies machte den Umschwung möglich. Unsere Patienten stellen oft nicht die Frage, ob sie wirklich in eine endlose, tödliche Reise mit einem Objekt eingeschlossen sind, das sie haßt, das vor allem schon ihre Geburt nicht wollte und ihnen nicht verzeihen kann, daß sie sind, was sie sind. Ich glaube, daß ein therapeutischer Fortschritt manchmal möglich ist, wenn dies in Frage gestellt wird.

Ron Britton: Ich betrachtete diese Situation zwischen Alan und David als eine analytische Situation. Eigentlich sagt Alan zu David: »Es ist ja nicht so, daß *Deine* Analyse festgefahren ist; wir sind festgefahren in *dieser* Analyse. Wir sitzen im gleichen Boot«. Wenn möglich, versuche ich, das Problem *dieser* Analyse anzusprechen, an der Patient und Analytiker beteiligt sind, welche beide in diesem lecken Rettungsboot sitzen, das für immer auf See zu sein scheint. Die Situation ähnelt der von den Truppen im Schützengraben, die das Lied sangen: »Wir sind hier, weil wir hier sind, weil wir hier sind, weil wir hier sind«. Ich glaube, daß der Augenblick, in dem man wirklich zu fragen beginnt, *warum* wir hier sind, sozusagen der Augenblick ist, in dem der Vater nach Hause kommt. Bis zu diesem Zeitpunkt ist es so, als ob die Situation eine gewesen ist, in der Mutter und Kind aneinanderkleben. Wenn der Analytiker denken kann: »Ja, wir sind steckengeblieben«, dann ist jemand hinzugekommen, der zumindest denken kann.

Überarbeitung des Tonbandtranskripts von Richard Rusbridger.
Aus dem Englischen von Helga Weßner und Heinz Weiß.

Ronald Britton

Weitere Überlegungen zur dritten Position

> »Alles Wissen beruht auf der Übereinstimmung eines Objektiven mit einem Subjektiven.«
> (F. W. J. Schelling: »System des transscendentalen Idealismus«)

> »Zunächst einmal ist der Blick des Andern als notwendige Bedingung meiner Objektivität Zerstörung jeder Objektivität für mich.«
> (Jean-Paul Sartre: »Das Sein und das Nichts«)[1]

Meine vor nahezu zehn Jahren verfaßte Arbeit »The Missing Link« (»Das fehlende Verbindungsglied«) beschreibt zwei verschiedene klinische Situationen, die sich in Analysen ereignen und wiederholen, bei denen die ödipale Situation in der Übertragung entweder unsichtbar oder verzerrt ist. Grob gesagt könnte man formulieren, daß ihr Auftauchen im einen Fall als katastrophal im anderen als traumatisch empfunden wird. Zum ersten Fall schrieb ich:

> »Wenn die Konfrontation mit der elterlichen Beziehung zu einem Zeitpunkt stattzufinden beginnt, zu welchem das Individuum noch kein sicher fundiertes mütterliches Objekt errichtet hat, tritt die ödipale Situation in der Analyse nur in primitiver Form in Erscheinung und ist nicht sofort als der klassische Ödipuskomplex erkennbar«; zum zweiten, »daß es der endgültige Verzicht auf die ödipalen Objekte ist, der vermieden wird. Als Abwehrorganisation wird eine

[1] In der Übersetzung von Hans Schöneberg und Traugott König, Rowohlt Verlag 1991, S. 485.

illusionäre ödipale Konfiguration gebildet, um die psychische Realität der elterlichen Beziehung zu verleugnen« (Britton, 1989).

An dieser Stelle werde ich mich darauf beschränken, die erstgenannte Situation weiter zu erörtern, bei welcher die Integration der Objektbeziehungen des ödipalen Dreiecks als katastrophal empfunden wird. Ich werde zwei klinische Syndrome beschreiben, von denen eines dem ersten von »The Missing Link« gleicht, bei welchem das dritte Objekt als Bedrohung empfunden und gemieden wird. Bei dem anderen wird die Beziehung mit dem dritten Objekt bevorzugt, aber das Zusammentreffen [conjunction] zwischen Primärobjekt und drittem Objekt wird vermieden. Ich möchte auch die Natur der befürchteten Katastrophe erörtern, wenn sie in der Analyse auftaucht. Ich werde mit der dritten Position beginnen und in Erinnerung rufen, was ich unter diesem Begriff in der früheren Arbeit verstanden habe:

»Die Schließung des ödipalen Dreiecks durch die Erkenntnis der Verbindung, welche die Eltern vereinigt, stellt eine Begrenzung der inneren Welt dar. Sie schafft, was ich einen ›triangulären Raum‹ nenne, d. h. einen Raum, der durch die drei Personen der ödipalen Situation und aller ihrer möglichen Beziehungen begrenzt ist. Sie beinhaltet deshalb die Möglichkeit, sowohl Teilnehmer in einer Beziehung zu sein, als auch von einer dritten Person beobachtet zu werden ... Wenn die Verbindung zwischen den Eltern ... von der kindlichen Psyche [in the child's mind] toleriert werden kann, wird es mit einem Prototyp einer dritten Art von Objektbeziehung ausgestattet, in welchem es Zeuge und nicht Teilnehmer ist. Dann entsteht eine dritte Position, von der aus Objektbeziehungen beobachtet werden können. Unter dieser Voraussetzung können wir uns auch vorstellen, selbst beobachtet zu werden. Dies vermittelt uns die Fähigkeit, uns selbst in Interaktion mit anderen zu sehen und einen anderen Blickwinkel einzunehmen, während wir unseren eigenen behalten, und über uns selbst nachzudenken, während wir wir selbst sind«.

Meines Erachtens beschrieb Sartre in seiner Darstellung des Auftauchens von Selbstbewußtsein etwas ähnliches. Es ist interessant, daß er zur Veranschaulichung bzw. als phantasievolles Modell eine heimlich beobachtete Urszene als die Situation evoziert, in der Selbst-Bewußtsein entsteht.

> »Nehmen wir an, ich sei aus Eifersucht, aus Neugier, aus Verdorbenheit so weit gekommen, mein Ohr an eine Tür zu legen, durch ein Schlüsselloch zu gucken. Ich bin allein und auf der Ebene des nichtthetischen Bewußtseins (von) mir. Das bedeutet zunächst, daß (...) ich (...) reines Bewußtsein von den Dingen (bin) (...) Hinter dieser Tür (ist) ein Schauspiel ›zu sehen‹, eine Unterhaltung ›zu hören‹ (...)« (S. 467 f.).
> »(...) Jetzt habe ich Schritte im Flur gehört: man sieht mich. Was soll das heißen?« (S. 469).
> »(...) Zunächst existiere ich nun als Ich für mein unreflektiertes Bewußtsein. Gerade diesen Einbruch des Ich hat man am häufigsten beschrieben: ich sehe mich, weil man mich sieht (...)« (S. 469 f.).

Wie die erste Gruppe der mich hier interessierenden Patienten, faßt Sartre die Situation als verfolgend und zerstörend (vernichtend) für die wesensmäßige Identität des Selbst auf. Er schrieb:

> »Der andere blickt mich an und als solcher weiß er um das Geheimnis meines Seins, er weiß, was ich bin. Somit liegt die tiefe Bedeutung meines Seins außerhalb von mir, ist sie in einer Abwesenheit eingekerkert« (Übersetzung C. F.).

Sartre empfand, daß »der Blick des Andern als notwendige Bedingung meiner Objektivität (die) Zerstörung jeder Objektivität für mich« bedeute (S. 485). Die Patienten, auf die ich mich beziehe, empfinden eine objektive Beschreibung ihrer selbst als ihre eigene Subjektivität vernichtend.

Wenn ich überlege, wie ich diese Gruppe von Patienten charakterisieren kann, so fällt es mir schwer, sie zu benennen, obwohl es nicht schwierig ist, sie zu beschreiben. Ich könnte *Borderline* sagen, aber es gibt eine Tendenz, dies auf viele Patienten unterschiedlichen Charakters anzuwenden. Was diese Gruppe von Patienten am besten charakterisiert, ist die Art und der Umfang ihrer Schwierigkeiten. Sie finden das Leben mit anderen schwierig; sie finden es schwierig, sich selbst zu ertragen; sie finden es schwierig, in Analyse zu sein, und in einer charakteristischen Weise finden es ihre Analytiker schwierig, mit ihnen zu arbeiten. Natürlich werfen viele Analysepatienten beträchtliche Probleme bezüglich Technik und Gegenübertragung auf, aber die Schwierigkeit bei der von mir herausgegriffenen Fallgruppe ist von besonderer Art. Ich habe die Art und Weise im Sinn, in welcher die Durchführung der Analyse von Anfang an eine Herausforderung darstellt: ihre Struktur, ihre Methode, ihre Grenzen.

Als ein einfaches, aber typisches Beispiel nun der Beginn einer von mir supervidierten Analyse. Die Patientin war eine junge Frau, die mit ihrem Leben irgendwie nicht mehr ein noch aus wußte. Sie war unsicher, ob sie in der Beziehung, in der sie lebte, bleiben sollte, aber sie wußte nicht, wie man solche Dinge entscheidet. An ihrer Arbeitsstelle fühlte sie sich schikaniert, weil sie dachte, daß Dinge von ihr erwartet würden, die sie als unsinnig empfand, aber sie war unsicher, ob sie dies so richtig empfand. Sie lebte mit ihrem Bruder und ihren Eltern zusammen und dachte zuhause, ihr Vater habe immer Unrecht, aber sie hatte auch den Gedanken, daß es an ihrer Streitsucht liegen könnte, weil sie mit nichts, was er sagte, einverstanden war. Sie dachte auch, daß er ihr als Jugendlicher zu sehr zugetan und körperlich zu nah gekommen war; er aber sagte, daß sie zu kalt gewesen sei, und sie dachte, er habe vielleicht recht.

Der Analytiker brachte zur Supervision zwei Probleme mit. Die Patientin, eine junge Frau, konnte sich nicht auf die Couch legen, und er hatte das Gefühl, in den Stunden überhaupt nicht frei denken zu können, sondern nur ihren Aussagen zu folgen und sie zu kommentieren, wobei seine Anmerkungen so gut wie keine eigenen Gedanken enthielten. Als sie anfangs erwogen hatte, sich auf die Couch zu begeben, war sie davon rasch wieder zurückgeschreckt, wobei sie anführte, daß es so wäre, als ob Gott spräche, wenn sie auf der Couch liege und der Analytiker spreche; im Sitzen sei es nicht so bedrohlich. Der Analytiker arbeitete mit dieser Situation geduldig und einfühlsam, indem er, so gut er irgend konnte, formulierte, wie er dachte, daß ihre Sicht der Situation sei. Er wurde von Zeit zu Zeit durch Assoziationen über ihre Familie belohnt, die etwas Einsicht in ihre Vergangenheit, ihre innere Welt und die unbewußten Übertragungsaspekte erlaubten. Z. B. hatte er gedeutet, daß sie das Gefühl habe, alles genau erklären und rechtfertigen zu müssen, was sie in bezug auf die Analysesitzungen tat. Nachdem sie dem beigestimmt hatte, sagte sie spontan »meine Mutter existiert nicht wirklich, sie ist nur da, um sich um meinen Vater zu kümmern. Mein Vater nähert sich mir mit Vorschlägen, und wenn ich dann anderer Meinung bin, sagt er, ich sei kalt. Da gab es diese seltsame Geschichte bezüglich meiner Unterschrift. Er wünschte sich, daß meine Unterschrift so aussehen sollte, wie er es sich vorstellte, weshalb ich damals meine Unterschrift nach seiner Vorstellung gestaltete.«

Ich skizziere diesen Analysenbeginn, weil er einigen anderen sehr gleicht, die der jeweilige Analytiker so schwierig fand, daß ich konsultiert wurde. Die Patientin hat auch Ähnlichkeiten mit anderen meiner Patienten, mit denen ich Schwierigkeiten hatte, welche die übliche Analyse als zu schwierig empfanden und die unfähig waren, den Analytiker in der dritten Position zu tolerieren. Ich denke, wir können an diesem kleinen Fragment des von der Patientin entworfenen Familienbildes die typische Struktur erkennen. Während der Analytiker empathisch mit seiner Patientin arbeitet und ihre subjektive Erfahrung in einer für sie hilfreichen Weise bestätigt, findet er sich wie die Mutter ohne wirklich eigenes Existenzrecht wieder. Die Patientin fühlt sich auf diese Funktion und auf den Analytiker als aufnahmefähige Person sehr angewiesen, der Analytiker jedoch fürchtet um den Verlust seiner analytischen Identität. Wenn sich jedoch der Analytiker selbst durchsetzt und zu objektiv begründeten Deutungen gelangt, fühlt sie sich verfolgt und wird sich dann entweder auf masochistische Art und Weise unterwerfen, explodieren oder aber auf die eine oder andere Weise das, was er sagt, eliminieren. Sie kann sich innerlich durch Rückzug in der Stunde von seiner Gegenwart entfernen [remove her mind], aber manche Patienten müssen sich auch tatsächlich körperlich entfernen, um sich innerlich entfernen zu können. Diese Patienten brechen ziemlich oft die Analyse bei einigen Analytikern ab oder verbleiben in einer Sackgasse bei anderen. Dies ergibt sich m. E. dann, wenn die Überzeugung herrscht, daß subjektive und objektive Realitäten nicht nur einfach inkompatibel seien, sondern in der Tat gegenseitig zerstörerisch.

Diese Situation kann existentielle Ängste beim Analytiker wachrufen, da seine empathische Identifikation mit dem Patienten unvereinbar mit seiner objektiven klinischen Sicht der Situation zu sein scheint und ihn von den Theorien, die ihn mit seinen Berufskollegen verbinden, abschneidet. Sie zeigt sich auch als Schwierigkeit für den Analytiker, seine allgemeine Erfahrung oder seine allgemeinen Vorstellungen zu gebrauchen, da diese die Einzigartigkeit der Begegnung mit dem Patienten und die Besonderheit der Psychologie seines Patienten zu verletzen scheinen. Besonderheit scheint mit Allgemeingültigkeit in sehr ähnlicher Weise wie Subjektivität mit Objektivität im Kriegszustand zu stehen. In Begriffen der Figuren des ödipalen Dreiecks formuliert, ist der Analytiker mit dem verstehenden mütterlichen Objekt identifiziert, solange er den auftauchenden Gedanken des Patienten folgen und sie befördern kann. Beim Einbringen eigener Gedanken, die aus seiner allgemeinen Erfahrung und den analytischen Theorien abgeleitet sind, ist er mit dem Vater identifiziert, der entweder in das innerste Selbst des Patienten eindringt oder die Patientin aus ihrem subjektiven psychischen Kontext heraus und in einen seiner eigenen (Kontexte) hineinzieht.

In einer Arbeit, die manche kennen werden, da sie auf deutsch unter dem Titel »Fundamentalismus und Idolbildung« (1993) veröffentlicht wurde, beschrieb ich eine besondere Aufteilung der Übertragung, bei welcher einerseits auf die physische Präsenz des Analytikers und andererseits auf den Analytiker als eine

Quelle von Worten Bezug genommen wird. Fundamentalismus oder Götzendienst, Wort-Verehrung oder Ding-Verehrung beruhten – so schlug ich vor – auf der Errichtung einer pathologischen Organisation der ödipalen Situation. In der Arbeit stellte ich zur Diskussion, daß es anfangs ein Primärobjekt gibt, das als Quelle des Lebens empfunden wird, von dessen Existenz die Existenz des Selbst abhängt. Im Laufe der Entwicklung wird dieses Objekt als sowohl existent als auch funktionsausübend erlebt. Eine dieser Funktionen besteht darin, für Bedeutung zu sorgen. Wenn diese Funktion des Objekts unerträglich wird, provoziert sie den Wunsch, gerade diese Funktion zu vernichten, und damit die Gefahr, das Primärobjekt zu verlieren – die Quelle des Leben selbst. Um dies zu vermeiden, wird das eine Objekt als zwei gesehen: eines als Quelle von Trost und dessen, was man zum Leben braucht, das andere als Personifikation von Wissen. Das Aufkommen der ödipalen Situation mit ihrer Dreier-Besetzung bietet die Gelegenheit, diese Abwehr durch Spaltung zu institutionalisieren. Mehr theologisch als psychologisch ausgedrückt haben wir dann die Mutter Natur als Quelle alles Materiellen und Gott-Vater als Quelle von Aufklärung und Worten. In religiösen Begriffen ausgedrückt haben wir *das Ding* als vergöttertes materielles Objekt oder *das Wort* als idealisierte Botschaft; in der analytischen Praxis den Analytiker als vergötterte physische Präsenz oder die Vorstellungen des Analytikers als idealisierte Worte. Meine Idee in jener Arbeit war, daß wir dazu neigen, bleibende natürliche Grenzen unserer sich entwickelnden Psyche – wie *Verwerfungslinien* der Erdkruste – als leicht verfügbare Linien zum Spalten zu gebrauchen. Eine solche besteht zwischen Idealität und Realität, welche zur Basis einer innerlich institutionalisierten Spaltung [split] gemacht wird. Damit wird das, was John Steiner eine pathologische Organisation nennen würde, zu einem Glaubenssystem gemacht. Wort-Verehrung, die auf Vater-Verehrung basiert, führt zum Fundamentalismus, und Verehrung von materiellen Dingen, die auf Mutter-Verehrung gründet, führt zum Götzendienst. Hinsichtlich der Religion vermutete ich, daß bei der Entwicklung von Puritanismus, die wahre Religion ganz Wort und Geist [spirit] wäre, wohingegen bei der Entwicklung von Materialismus in all seinen religiösen und weltlichen Formen irgendeine Art von sakramentaler und *ikonischer* Religion folgen würde. Wir könnten auch vermuten, daß sie einander bekriegen würden. Gegenwärtig sehen wir, wie christlicher und islamischer *Fundamentalismus* den Säkularismus bekriegen. Es ist ein Glaubensartikel dieser fundamentalistischen Glaubensweisen, daß letztlich die Spaltung zwischen jenen besteht, die gerettet und jenen, die zerstört werden müssen: d. h., daß die Spaltung nicht durch Reintegration, sondern durch Vernichtung gelöst wird. Götzendienst verlangt ständige Gegenwart von seinen Objekten; er strebt Konfliktlösung durch völlige Befriedigung und Seelenfrieden durch Ignoranz an. In der Analyse sucht der eine fundamentalistische Glaube Heilung durch moralische Anweisung und Vernichtung des aufsässigen Selbst, der andere durch sanktionierte Regression und Verleugnung.

Ich habe den Standpunkt vertreten, daß das Motiv für diese Trennung die Errichtung einer psychischen Organisation mit dem Ziel der andauernden Verhinderung einer Reintegration ist, weil diese zu einer Katastrophe führen würde. Ich werde später noch etwas zur Natur der phantasierten Katastrophe sagen; aber zunächst möchte ich auf die zwei zuvor erwähnten unterschiedlichen klinischen Syndrome eingehen. Wenn die ödipale Situation realisiert wird, werden die inter-subjektive Beziehung (mit dem begehrten Primärobjekt) und die Subjekt-Objekt-Beziehung (mit dem beobachtenden Objekt) miteinander verbunden. Bei einer Spaltung der ödipalen Situation werden die diesen Objektbeziehungen entsprechenden beiden Übertragungen getrennt gehalten. Ich möchte nun die Entwicklung dieser beiden Übertragungen beschreiben, bei denen diese Spaltung die Grundlage einer pathologischen Organisation bildet. Die inter-subjektive Übertragung (in welcher der Patient einen empathisch aufnahmefähigen Analytiker sucht) habe ich bereits bei der jungen Patientin beschrieben. Die positive Übertragung zeigt ihre Kraft nicht durch Eindringen, sondern durch Extrapolation. Die Übertragung ist ausgeprägt, aber oberflächlich; sie umhüllt das Objekt und mißt allem, was es betrifft, erhöhte Bedeutung zu. In charakteristischer Weise werden bei solch einer Übertragung Einzelheiten im Kontext der Analyse, wie den genauen Einzelheiten der Stunden, dem Raum, seinem Inhalt usw. große Wichtigkeit beigemessen. Es kann sein, daß Patienten Überreste aus den Stunden, wie Taschentücher usw. sammeln und behalten. Die negative Übertragung hat mit einem eindringenden Objekt zu tun. Objektives Wissen wird mit Sehvermögen und Erkenntnis (Sehen und Denken) gleichgesetzt und dem dritten (beobachtenden/eindringenden) Objekt zugeschrieben; »Verstehen«, (Fühlen und Träumen) dagegen dem (begehrten) Primärobjekt.

Ich möchte kurz die klinische Situation beschreiben, in der umhüllende Übertragung begehrt und die eindringende Übertragung gefürchtet wird. Beide Übertragungen spielen eine Rolle; die eine wird ersehnt und gesucht, die andere gefürchtet und gemieden. Die begehrte Übertragung ist trügerisch [skin deep] und alles umhüllend. Ihre epistemologische Modalität ist Empathie, ihr physischer Ausdruck ist Berührung, und ihre emotionalen Qualitäten sind erotisch oder ästhetisch. Was ich beschreibe, hat viele Gemeinsamkeiten mit Bicks Beschreibung einer *adhaesiven Identifikation* und Anzieus Konzept von *Hülle*, es steht auch in Beziehung zu Meltzers *ästhetischem Konflikt*. Es besteht eine Hypertrophie von Berührung und ihrem psychischen Pendant, was Freuds Beschreibung der Hauterotik nahekommt. Dies führt zu einer erotisch oder ästhetisch idealisierten Übertragung. Die andere eindringende Übertragung bezieht sich auf das dritte Objekt, das als Eindringling in die Analyse empfunden wird. In seiner reinsten Form wird es als reines K [knowledge = Wissen] gedacht, von L [Liebe] und H [Haß] entkleidet. Als prüfend-betrachtendes Objekt verkörpert es Neugierde und sucht Wissen ohne Sympathie, Eindringen ohne Begehren und Besitz ohne Liebe. Am meisten wird die Verbindung von der umhüllenden Übertragung mit der eindringenden Übertragung gefürchtet, das heißt die Verbindung von Subjektivität mit Objektivität. Ich denke, daß es das ist, was Ästhetik mit Furcht oder Schönheit mit panischer Angst verbindet, wie es Rilke beschrieb.

Um uns der anderen Seite dieser gespaltenen Situation zuzuwenden, so scheint diese genau umgekehrt zu sein. In ihr wird die primäre, subjektive Beziehung gemieden und das dritte Objekt wird als Orakel gesucht, das eher Weisheit als Erfahrung bietet. In der Übertragung wird empathisches Verstehen gemieden, und Objektivität herrscht vor. Um zu veranschaulichen, was ich damit meine, werde ich ein zusammengesetztes Beispiel so darlegen, als ob es ein einzelner Fall wäre.

Die Patientin orientierte sich in ihrer Objektbeziehungswelt mit Hilfe des Wissens, daß sie ihre Mutter haßte. Insbesondere war sie ihr körperlich zuwider und jeglicher Gedanke an Kontakt mit ihr verursachte ihr Übelkeit. Sie befürchtete Chaos, wenn irgend etwas aus dem Bereich ihrer mütterlichen Beziehung in die geordnete Welt Eingang finden würde, für die ihr eigenes systematisches und mathematisches Denken sorgte, das sie mit dem Vater teilte. Anfangs organisierte sie ihre Beziehung zur Analyse entlang dieser Leitlinien. Ihre Beziehung mit mir sollte mit logischer und empirischer Beobachtung zu tun haben; Gedanken waren abstrakt und Wahrnehmungen objektiv; der gesunde Menschenverstand herrschte vor. Im Gegensatz zu der anderen Patientin der *schwierigen* Kategorie fand diese Frau die äußeren Umstände und Konventionen der Analyse – Couch, Assoziation, Zeit der Sitzungen, Pausen, Einschränkungen etc. – alle sehr leicht zu akzeptieren und gut annehmbar. Sie machte nur objektive Bemerkungen zu sich selbst und sie erwartete objektiv-erklärende Deutungen. Was immer ich sagte, wurde von ihr in eine gemeinsame objektive Feststellung über sich selbst verwandelt. Wie oder was sie in der Übertragung außer einer Suche nach Anleitung empfand, spielte keine Rolle. Unternahm ich jedoch Bemühungen, ihr nahezulegen, daß ich ihr emotional etwas bedeuten könne, und darauf trotz ihrer ersten leicht verspottenden Zurückweisung bestand, wurde ich zu einer Bedrohung. Ich wurde zu jemandem, der wie ihre Mutter ständig darauf bestand, besser als sie selbst zu wissen, wie sie sich fühlte, und behauptete zu wissen, daß die Patientin sie liebte und es nur aufgrund ihrer Bösartigkeit verleugnete. Ich möchte hinzufügen, daß diese Möglichkeit in der Übertragung immer bereit lag, denn ich hätte leicht in einem Anfall von analytischem Eifer und fundamentalem Glauben an die Unausweichlichkeit meiner Bedeutung in der Übertragung ein deutungsmäßiges Äquivalent hierfür auftischen können. Meine Patientin machte klar, daß sie keine andere Wahl hätte als zu gehen, wenn ich diese Charakteristika der Mutter annehmen sollte, und wir in einen solchen emotionalen Austausch verwickelt würden. Zu Beginn der Analyse verstörte sie alles, was die Aufmerksamkeit auf meine physische Präsenz lenkte. Meist konnte sie sich auf meine Existenz dadurch einstellen, daß sie mich mit völliger analytischer Anonymität ausstattete. »Aber«, pflegte sie zu sagen, »ich weiß natürlich, daß Sie als Analytiker nichts fühlen würden.« Die analytische Beziehung fand zwischen zwei beobachtenden objektiven Personen statt – in der Begrifflichkeit, die ich hinsichtlich Subjektivität versus Objektivität gebraucht habe. Die Gegenübertragung bestand aus analytischer Depersonalisation, ein Symptom, an dem sie intermittierend litt.

Subjektive Erfahrung und sinnliche Befriedigung existierten aber doch in der Form wortlosen, vorwiegend taktilen Austausches. Die Analyse wurde von Beginn an von einer Vielfalt physikalischer Therapien begleitet: Massage, Yoga etc. Als später Denken und Erfahrung Anzeichen von Annäherung in der Analyse erkennen ließen, tauschte sie die parallel laufenden Körpertherapien gegen einen Buddhismus der am wenigsten theozentrischen Art aus. Sie strebte nach weitestgehend anonymen transzendentalen subjektiven Erfahrungen mit dem größten Ausmaß physischer Beruhigung [comfort] und psychischer Distanz: eine Religion ohne Gott.

Ich möchte dieses klinische Bild nur benutzen, um einen Punkt hervorzuheben. Diese Frau suchte in der Analyse eine anleitende [tutelary] Erfahrung: sie kam wegen des Wortes; sie fürchtete das Ding. In historischen, ödipalen Begriffen hatte sie von früher Kindheit an eine Aversion gegenüber ihrer Mutter und betete ihren Vater an. Dies ergab den irreführenden Anschein einer positiven klassisch-ödipalen Konfiguration; die Übertragung sprach eine andere Sprache. Ihre aufbrechenden Ängste hatten einiges gemeinsam mit denjenigen von Patienten wie der zuerst beschriebenen jungen Frau, welche scheinbar so ganz anders sind. Gemeinsam hatten sie eine untergründige *Angst vor Chaos*.

Angst vor Chaos

Bei dem Versuch, diese klinische Situation zu verstehen, griff ich in meiner früheren Arbeit auf Bions Konzept vom »container and contained« zurück. Bion (1959) macht klar, daß die Unfähigkeit der Mutter, die Projektionen ihres Kindes aufzunehmen, *vom Kind* als ein *von ihr* ausgehender zerstörerischer Angriff auf seine Verbindung und Kommunikation *mit ihr* als seinem gutem Objekt empfunden wird. Ich vertrat die Ansicht, daß das Kind sie innerlich [in the mind] nur dadurch als gutes mütterliches Objekt wiedergewinnen könne, daß es ihre Undurchdringlichkeit abspaltet, dadurch aber eine feindselige Kraft schafft, die seine gute Verbindung mit der Mutter ständig anzugreifen droht. Die feindselige Kraft, von der angenommen wurde, daß sie seine ursprüngliche Verbindung mit der Mutter attackiert, wird mit dem ödipalen Vater gleichgesetzt, und die Verbindung zwischen den Eltern wird so empfunden, als stelle sie sie als nicht aufnahmebereite, tote Mutter wieder her. Größeres Wissen über die ödipale Situation wird deshalb bei manchen Persönlichkeitsstörungenen so empfunden, als setze es eine seelische [mental] Katastrophe in Gang.

Seitdem ich darüber schreibe, habe ich versucht, die befürchtete seelische Katastrophe weiter zu ergründen, wie auch die

Umstände, die sie mutmaßlich herbeiführen. Es besteht eine Furcht vor dem, was ich *malignes Mißverstehen* nenne. Damit meine ich eine Furcht, in der Weise *mißverstanden* zu werden, daß die Erfahrung des eigenen Selbst eliminiert und die Möglichkeit, Bedeutung zu entdecken oder zu schaffen, vernichtet wird. Ich stelle sie mir als eine *Angst vor Chaos* vor. Sie entspricht Bions Begriff der *namenlosen Angst.* Bion beschreibt zwei Betrachtungsweisen des Entstehens *namenloser Angst* aufgrund eines Mißlingens im Kreislauf projektiver und introjektiver Identifikation zwischen Mutter und Kind, welche den Container und das Aufzunehmende (contained) bilden. Beidesmal wird die noch unformulierte Todesangst des Kindes durch diesen Prozeß nicht in eine weniger intensive, weil identifizierbare Angst, sondern in etwas Schlimmeres transformiert. In der ersten Darstellung in »Eine Theorie des Denkens« schrieb er: »Wenn die Projektion von der Mutter nicht akzeptiert wird, dann fühlt das Kind, daß sein Gefühl von Todesnot aller ihm innewohnenden Bedeutung entkleidet ist. Es reintrojiziert deshalb nicht eine Furcht zu sterben, (...) sondern eine namenlose Angst« (Bion 1962, deutsch 1963, S. 432). Ich möchte diesen Begriff erweitern auf alle einen noch undefinierten, aber wesentlichen und spezifischen Seinszustand betreffenden Projektionen des Kindes in eine Mutter, die sie entweder nicht introjiziert oder durch ihre eigenen Präokkupationen so verzerrt, daß die Erfahrungen des Kindes außer Kraft gesetzt werden. Man könnte sagen, es handle sich um eine Angst vor Namenlosigkeit. Wenn dieses Mißverstehen auf eine paranoid-schizoide Weise eher als Angriff denn als Mangel erlebt wird, so wird die Existenz einer Kraft empfunden, die vom Primärobjekt ausgehend die Selbst-Identität und die Potentialität jeglichen Verstehens zerstört.

Wenn diese Kraft an ihrem Ursprungsort belassen wird, bleibt die Mutter ein gefürchtetes Objekt, weshalb Zuneigung und Liebe diese Bedrohung in sich tragen. Dies war der Fall bei dem Dichter Rilke, der, wie Sie wahrscheinlich wissen, sich jeglichen Kontakts, sogar einschließlich des Kontaktes mit einem Hund, entledigen mußte, um die Duineser Elegien zu vollenden. 1915 schrieb er – ohne es jemals zu veröffentlichen – ein Gedicht über seine Mutter, das diese existentielle Angst ausdrückt.

> Ach wehe, meine Mutter reißt mich ein.
> Da hab' ich Stein auf Stein zu mir gelegt
> und stand schon wie ein kleines Haus,
> um das sich groß der Tag bewegt,
> sogar allein.
> Nun kommt die Mutter,
> kommt und reißt mich ein.
>
> Sie reißt mich ein, indem sie kommt
> und schaut.
> Sie sieht es nicht, daß einer baut.
> Sie geht mir mitten durch die Wand von Stein.
> Ach wehe, meine Mutter reißt mich ein.

Klinisch finde ich die Verbindung mit dem Sehvermögen charakteristisch: »Sie reißt mich ein, indem sie kommt und schaut.« Wenn dieser Punkt in der Analyse erreicht ist, wenn der Patient sich objektiv wahrgenommen fühlt, während er sich gleichzeitig subjektiv erlebt, wird der Blick des Analytikers gefürchtet. Er bewirkt Gefühle von Ausgesetztsein, Scham und Demütigung; oder als Flucht davor, ein Gefühl, als getrenntes subjektiv erlebendes Individuum vernichtet zu sein und eine Schöpfung des Analytikers zu werden. Wie Sartre beschrieb: »Zunächst einmal ist der Blick *des Andern* als notwendige Bedingung meiner Objektivität Zerstörung jeder Objektivität für mich«. Ich habe Patienten gekannt, die in dieser Phase nicht ertragen konnten, vom Analytiker gesehen zu werden und Zuflucht dazu nahmen, sich unter einer Decke zu verstecken oder um eine Sitzung im Dunkeln zu bitten. Zu diesen Zeiten werden beide Elternteile als in der Person des Analytikers präsent angenommen und jener Aspekt der Mutter, der in den Vater als malignes *Mißverstehen* abgespalten worden war, ist in Form eines objektiven Blicks auf den Patienten zurückgekehrt im Gegensatz zu einem intersubjektiven oder empathischen Verstehen.

Ich gehe davon aus, daß es eine allgemeine, diesen Ängsten hinsichtlich Verstehen und Mißverstehen zugrunde liegende Regel gibt, die für jede Analyse gilt; nämlich daß *das Bedürfnis nach Übereinstimmung umgekehrt proportional zur Erwartung von Verstehen ist.* In Analysen, in denen das Bedürfnis nach Übereinstimmung als absolut und vordringlich empfunden wird, kann sie nur durch Gehorsam oder Tyrannei erreicht werden; nicht Verstehen, sondern Unterwerfung ist dann erforderlich. Dies erreicht der Patient entweder durch tyrannische Kontrolle oder sklavische Unterwerfung. Einige Patienten praktizieren, wie Sie wissen, beide Methoden: manchmal Tyrannei, dann wieder Unterwerfung. Bei Patienten wie der zu Beginn der Arbeit erwähnten jungen Frau ist zu erkennen, daß sie die Situation wahrnimmt, als habe sie nur diese beiden Alternativen. Entweder folgt ihr der Analytiker empathisch, indem er ihre subjektive Erfahrung in Worte kleidet, und sich gleichzeitig gezwungen fühlt, sich jeglicher anderer Kommentare zu enthalten, oder sie wird sich genötigt fühlen, ihre eigene subjektive Erfahrung zu opfern und sich stattdessen eine Beschreibung ihrer selbst einzuverleiben. Diese wird sie sich dann wie einen anstelle ihrer eigenen Seele implantierten Fremdkörper aneignen. Ihre Unterschrift wird eine Replik von Vaters Vorstellung werden, wie ihre Unterschrift sein sollte.

Hat es etwas mit dem Temperament solcher Patienten zu tun, das sie für die Annahme anfällig macht, ein unabhängig existierendes Objekt werde sie niemals verstehen? Hier gibt es m. E. einen weiteren Faktor, der die Entwicklung dieser Wesensmerkmale beeinflußt. Bisher erwähnte ich nur die erste Darstellung Bions hinsichtlich der namenlosen Angst, in welcher er das Versagen der Mutter betonte, die kindlichen Erfahrungen zu introjizieren. In seiner zweiten Darstellung, in »Lernen aus Erfahrung«, betont er einen Faktor im Kind, nämlich Neid als die Quelle dessen, was er – K nennt. Ich habe keinen Zweifel an der klinischen Phänomenologie von *Neid* und seiner beträchtlichen Bedeutung für die Psychopathologie, aber mit unserer

Beschreibung davon in der Kindheit kann ich mich nicht zufrieden geben. Ich denke, Neid ist als potentielles Gefühl wie auch als Motiv ein allgemeines Charakteristikum beim Kind und beim Erwachsenen; was m. E. weiterer Untersuchung bedarf, sind seine infantilen Vorläufer und seine Hypertrophie bei manchen Individuen.

Ich kann jedoch sagen, daß ich bei Patienten mit auffallender Angst vor malignem Mißverstehen beobachtet habe, wie zu einem späteren Zeitpunkt in der Analyse, wenn die Integration fortschreitet, Neid zu einem auffallenden Merkmal wird. Wie oben ausgeführt, fürchten diese Patienten alles, was nicht Übereinstimmung ist. Ich konnte feststellen, daß damit eine große Empfindlichkeit oder Intoleranz gegenüber jedweden Unterschiedes verbunden ist. Ich vermute, daß es sich dabei um ein angeborenes Wesensmerkmal wie in der Geschichte von der »Prinzessin auf der Erbse« handelt. M. E. könnte dieses angeborene Charakteristikum eine der Wurzeln von Neid darstellen. Diese Empfindlichkeit betrifft nicht nur winzige Veränderungen beim Analytiker, sondern auch Annäherungen an Verstehen. Bei beträchtlicher Ausprägung dieser Empfindlichkeit wird bei jeder Art von Verstehen vollkommenes Verstehen notwendig. Weniger als vollkommenes Verstehen kann deshalb leicht als Mißverstehen empfunden werden.

Vielleicht können wir dann Faktoren auf beiden Seiten der Mutter-Kind-Interaktion hinsichtlich ihrer wechselseitigen Probleme im Bereich von Containment und dem Aufbau [establishment] einer Verstehenserwartung postulieren: auf der mütterlichen Seite eine unzulängliche Fähigkeit zu internalisieren und die Projektionen des Kindes zutreffend zu bearbeiten [to process]; auf der Seite des Kindes eine unzulängliche Toleranz gegenüber den Annäherungen des mütterlichen Verstehens. Da wir im ganzen gesehen in der Analyse approximativ vorgehen, sind wir in eine schwierige Analyse verwickelt, wenn wir es mit einem Patienten zu tun haben, der Annäherung als einen Angriff erlebt.

Was immer die Verdienste dieser Spekulationen über ihre Ursprünge sein mögen, glaube ich, daß die zugrundeliegende Angst eine Angst vor Chaos ist. M.E. ist dies eine fundamentale menschliche Angst; ich habe sie bei manchen Patienten einfach als Angst vor Verrücktheit angetroffen; bei anderen als Angst, in einer unverständlichen Welt zu leben; bei wieder anderen als eine Angst vor einer Art psychischem *schwarzem Loch*, in welchem alle möglichen Bedeutungskategorien verschwanden und eine schreckliche Leere von Bedeutungslosigkeit hinterließen. Alle diese Elemente trifft man klinisch bei einem seelischen Zustand [state of mind] an, den man *Angst vor Chaos* nennen könnte. Dieser schließt Phantasien von Endlos-ins-Bodenlose-Fallen ein; Phantasien, sich für immer in einem grenzenlosen dunklen Raum zu befinden; Phantasien, in einem Geisteszustand von unheilbarem Durcheinander zu leben; Phantasien, Beute von Objekten unergründlicher Mehrdeutigkeit zu sein.

Im Oxford Dictionary ist Chaos auf vier Arten definiert: als unermeßliche Kluft oder Abgrund; als formloser Urstoff im All; als totale Verwirrung und Unordnung; als amorpher Klumpen. Alle diese Definitionen finden in den Beschreibungen von ursprünglichem Chaos einen Platz, die man in den Kosmologien der alten Welt wie denen der Ägypter oder Sumerer findet. Ovids Beschreibung in den *Metamorphosen* (wie diejenige in der Genesis) scheint darauf abzuzielen.

> »Vor dem Meere, dem Land und dem alles deckenden Himmel zeigte die Natur in der ganzen Welt ein einziges Antlitz. Chaos ward es benannt: eine rohe, gestaltlose Masse, nichts als träges Gewicht und, uneins untereinander, Keime der Dinge, zusammengehäuft in wirrem Gemenge. (...) Und, wenn Erde darin auch enthalten und Wasser und Luft, so war doch die Erde nicht fest und war das Wasser nicht flüssig, fehlte der Luft das Licht. Seine Form blieb keinem erhalten; eines stand dem Andern im Weg, denn in ein- und demselben Körper lagen das Warme und Kalte, das Trockne und Feuchte; Weiches und Hartes im Zwist und Schwereloses im Schweren« (S. 7).

Bei manchen Menschen wie auch in manchen Kulturen ist die Angst vor Chaos ständig stark ausgeprägt; vorübergehend tritt sie vielleicht bei allen Menschen und Kulturen irgendwann in Erscheinung. Sie erscheint als eine Angst vor dauerndem nicht behebbarem Durcheinander; entweder als Angst, in einer unverständlichen Welt zu leben, oder aller Mittel zum Begreifen der Welt beraubt zu sein. Im ersten Fall gibt es eine Phantasie, unfähig zu sein, die Bedeutung von irgend etwas zu verstehen, weil die Welt ein widersprüchlich mehrdeutiger Ort ohne Kategorien ist. Bei letzterem ist es eine Angst, verwirrt zu sein; eine angstvolle Erwartung, daß es dem Geist [mind] oder seinen Instrumenten mißlingt, irgend etwas klar zu sehen, sicher zu begreifen oder mit Bestimmtheit zu wissen. Diese Ängste schließen sich keineswegs gegenseitig aus, klinisch können sie beim gleichen Patienten nebeneinander existieren oder einander abwechseln. Ich kenne einen Fall, bei dem eine entsetzliche Angst davor bestand, nichts zu wissen und davor, nicht zu wissen, wo irgend etwas gefunden werden könnte. Dies wurde durch verzweifelte Versuche bekämpft, die Namen von allem sowie den genauen Aufenthaltsort von jedermann zu wissen. Darüber hinaus herrschte eine entsetzliche Angst vor dem katastrophalen Verlust aller Wahrnehmungsfähigkeit: der Sehkraft, des Berührungssinnes und des Hörvermögens.

Wäre dies eingetreten, so hätte sich die Patientin in einem Zustand befunden, wie ihn sich der Philosoph Descartes als imaginäre Bedingung für seine philosophische Suche nach einem unwiderlegbaren inneren Beweis seiner Existenz verschrieb. Er hielt dies für eine notwendige Voraussetzung für den radikalen Zweifel, da die Realität trügerisch sein könnte. Er argumentierte, der Sinneseindruck, daß er in seinem Winterrock am Kamin sitze, könnte nur ein Traum sein. »So will ich denn annehmen«, sagt er, »(...) irgendein böser Geist, der zugleich allmächtig und verschlagen ist, habe all seinen Fleiß daran gewandt, mich dahingehend zu täuschen, daß ich denke, daß all diese Äußerlichkeiten existierten.« So schrieb er: »Ich will glauben, Himmel, Luft, Erde, Farben, Gestalten, Töne und alle Außendinge seien nichts als das täuschende Spiel von Träumen, (...) mich selbst will ich so ansehen, als hätte ich keine Hände, keine Augen (...)« (S. 19f.). Anders als Descartes gestattete sich meine Patientin nicht den Luxus der Vorstellung eines solchen Zustandes; sie war voller Angst und Schrecken, daß dies eine reale Möglichkeit sei. Ihr Begriff von malignen Dämonen hatte mehr Ähnlichkeit mit dem der alten Ägypter als mit Descartes' philosophischer Phantasie eines übelwollenden irreleitenden Geistes. Was meine Patientin mit den Ägyptern von 3000 vor Christus teilte, war ein Glauben an die reale Möglichkeit, daß jede Nacht das geordnete Universum des Geistes als auch der Materie von Chaos-Ungeheuern verschluckt werden könnte.

Apep oder *Apophes* war die Personifikation von Chaos und Dunkelheit in der ägyptischen Kosmologie. Er war ein *Chaos-Ungeheuer*, der die Barke des Sonnengottes bei ihrer nächtlichen Reise bedrohte, welche die Aussicht auf Licht und das Prinzip von Vernunft und Ordnung durch die Unterwelt trug. Apophes versuchte, die Passage der Barke durch Austrinken des imaginären Flusses, auf dem sie segelte, zu verhindern. »Er hatte keine Sinnesorgane, er konnte weder hören noch sehen, er konnte nur schreien. Und er arbeitete nur in der Dunkelheit (...) Bei jeder Gelegenheit von Dunkelheit – bei einer Sonnenfinsternis, bei abnehmendem Mond, bei wolkigem Himmel, aber vor allem in jenen kritischen Momenten, dem Einsetzen und Ende der Nacht – war Apophes am Werk« (Cohn N. 1993, S. 21; Übersetzung C. F.). Genau dies waren die Umstände, welche meine Patientin fürchtete – Dunkelheit, Wolken, Sonnenfinsternis – aus Angst vor einer Katastrophe, der Möglichkeit, ihr Primärobjekt zu sehen, von ihm zu wissen, es zu finden, es zu erreichen oder es sich vorzustellen, verlustig zu gehen. Die alten Ägypter ersannen Zauberworte und Rituale, um einen möglichen Einfall von Apep in die geordnete Welt des Lichtes zu verhindern, der mittels Wolken, Sonnenfinsternis und mondlosen Nächten erfolgen würde. Bei genau diesen gefährlichen Himmelskonstellationen fürchtete meine Patientin, sie werde vom Chaos überwältigt, und auch sie unternahm in solchen Zeiten Schritte, diese Katastrophe durch Rituale und geistige Manöver abzuwenden.

Freud lokalisierte das ursprüngliche *Chaos* im *Es*. Er schrieb: »Wir nähern uns dem Es mit Vergleichen, nennen es ein Chaos, einen Kessel voll brodelnder Erregungen. (...) Für die Vorgänge im Es gelten die logischen Denkgesetze nicht, vor allem nicht der Satz des Widerspruchs. Gegensätzliche Regungen bestehen nebeneinander, ohne einander aufzuheben oder sich voneinander abzuziehen (...). Es gibt im Es nichts, was man der Negation gleichstellen könnte, auch nimmt man mit Überraschung die Ausnahme von dem Satz der Philosophen wahr, daß Raum und Zeit notwendige Formen unserer seelischen Akte seien« (Freud, 1933a, S. 80). Ich möchte in diesem Abschnitt die Angst vor dem Es erörtern. Freud schrieb darüber, »wir wissen, es ist Überwältigung oder Vernichtung (die befürchtet wird), aber es ist analytisch nicht zu fassen« (1923, S. 287). Ich verstehe dies als Angst vor *Chaos* und denke, daß es heute mehr Möglichkeiten gibt, sie analytisch und ätiologisch mit Hilfe von Bions Konzept der *namenlosen Angst* und ihren Ursprüngen in den Unzulänglichkeiten des *Containment* zu verstehen.

Freuds Beschreibung des Entstehens des Ich aus dem Es hat vieles gemeinsam mit der altägyptischen Darstellung der Erschaffung des *Kosmos* aus dem ursprünglichem Chaos. »Selbstverständlich kennt das Es keine Wertungen, kein Gut und Böse, keine Moral« (1933a, S. 81); »wir (sind) in der Lage, vom Es noch andere Eigenschaften anzugeben, als daß es unbewußt ist, und Sie erkennen die Möglichkeit, daß Teile vom Ich und Über-Ich unbewußt seien, ohne die nämlichen primitiven und irrationellen Charaktere zu besitzen« (S. 81); »daß das Ich jener Teil des Es ist, der durch die Nähe und den Einfluß der Außenwelt modifiziert wurde« (S. 82); »Was das Ich zum Unterschied vom Es aber ganz besonders auszeichnet, ist ein Zug zur Synthese seiner Inhalte, zur Zusammenfassung und Vereinheitlichung seiner seelischen Vorgänge, der dem Es völlig abgeht« (S. 82); »Wo Es war, soll Ich werden. Es ist Kulturarbeit etwa wie die

Trockenlegung der Zuydersee« (S. 86). Das Ich scheint in Freuds Darstellung der Kosmologie der inneren Welt ein Nachfolger des Demiurgen zu sein. In der ägyptischen Kosmologie erschuf sich der Demiurg selbst aus seinem latenten Zustand, einem ursprünglichen, formlosen, grenzenlosen, undifferenzierten Ozean, indem er sich selbst einen Namen gab. *Nun* war »die ursprüngliche Substanz, aus der die Welt geformt werden sollte. Irgendwo darin untergetaucht befand sich auch der Demiurg, der die Formgebung übernehmen sollte. Aber auch der Demiurg existierte nur als Potentialität, noch nicht seiner selbst gewahr oder der Aufgabe, die vor ihm lag (...) Das ursprüngliche Chaos war ein undifferenzierter einheitlicher Zustand, der Demiurg verkörperte den Vorgang von Differenzierung und Definition (...) Durch den Demiurgen wurde Einheit in Vielfalt transformiert (...) Der ursprüngliche Zustand wird in der ägyptischen Kosmologie als die Zeit beschrieben, ›als zwei Dinge noch nicht entstanden waren‹« (Cohn N. 1993, S. 6; Übersetzung C. F.).

Vielleicht ist die Annahme nicht ganz aus der Luft gegriffen, daß Freud Psychoanalyse in einer ähnlichen Rolle sah wie diejenige, welche die alten Ägypter ihren kulturellen und religiösen Aktivitäten verliehen, d. h. den Demiurgen bei seiner nicht endenden Aufgabe der Verhinderung des Vordringens von Chaos zu unterstützen. »Das Ich bereichert sich bei allen Lebenserfahrungen von außen; das Es aber ist seine andere Außenwelt, die es sich zu unterwerfen strebt« (Freud, 1923 b, S. 285). Mit diesem Satz läßt Freud – ich bin nicht sicher, ob wissentlich – die alte Kosmologie mit ihrer Vorstellung eines endlosen Kampfes um die Erhaltung des Prinzips von Ordnung, Wahrheit und Bedeutung in der Welt widerhallen, ein Prinzip, dem die Ägypter den Namen *Maat* gaben.

Maat scheint mir der Funktion des Primärobjekts zu entsprechen, welche Ordnung und Bedeutung in die Welt bringt, wie sie in meiner Vorstellung vom Kind wahrgenommen wird; ihr Ableben läßt die Welt zum Chaos zurückkehren. Andere alte Kulturen hatten ähnliche Prinzipien, z. B. nannten die Vedischen Inder jene Kraft *Rita*, welche den Lauf der Sterne, den Tagesablauf, die Richtung des Flußlaufs und die Art, wie die Kühe Milch gaben, regelte. Wie Maat wurde sie von einer anderen Gegenkraft bedroht, bei Maat war es *Isfet*, bei *Rita* war es *Anrita*.

Der Schöpfer hieß in der altägyptischen Kosmologie Keptera. Wenn er einen Ort brauchte, um darauf zu stehen, sprach er den Namen des Dinges oder Ortes aus, auf dem er stehen wollte, und das Ding oder der Ort entstand. »(...) in seinem Herzen dachte er sich tausenderlei Dinge, die er zu erschaffen wünschte, aus, und beim Aussprechen des jeweiligen Namens, nahm der Gedanke konkrete Form an. Dieser Prozeß (...) wird auf ägyptisch mit Worten ausgedrückt, die bedeuten »das Fundament im Herzen legen« (E.A. Wallis Budge, 1911, S. XVIII; Übersetzung C. F.). Durch *Maat legte er den Grundstock.* Maat ist das Prinzip, das Wahrheit, Ordnung, menschlichem und Naturgesetz zugrundeliegt, wie auch das Fundament bildet, auf dem die geordnete Welt von dem Moment an ruht, seit dem sie aus dem ursprünglichen Chaos hervorgegangen ist: Maat (ma-at) wird in den Mythen als die Göttin Maat verkörpert. Die Ägypter glaubten, Maat sei das Herz des Gottes Ra, dessen nächtliche Reise durch die Unterwelt in der Sonnenbarke Maat vor der Dunkelheit schützte, die die Chaos-Ungeheuer barg. Wie Maat (ma-at) als Göttin verkörpert wird, so sind die Chaos-Ungeheuer Personifikationen von *Isfet*. Damit benannten sie *all das, was immer der Rechtmäßigkeit der Welt zuwiderlief.*

Ich finde darin eine mythische Beschreibung entsprechend Bions K und -K. In dieser Darstellung schafft Benennung Ordnung und etwas, auf dem die Welt stehen kann. Namenlosigkeit erschiene als Einbruch des Chaos in die geordnete, differenzierte Welt. So scheinen wir in der alten Kosmologie Bions Konzept von *namenloser Angst* als Chaos-Ungeheuer repräsentiert zu finden, die Personifikation von -K.

Intrapsychisch gesprochen wäre in diesen Fällen derjenige, der die dritte Position oder die Rolle des Über-Ich innehat, eine Verkörperung von -K; in der ödipalen Begrifflichkeit bedeutete der Vater den Tod der Mutter als einer Quelle von Verstehen und seine Begegnung mit ihr würde das psychische Universum ins Chaos zurückfallen lassen.

Zusammenfassung

Ich möchte zusammenfassen: für einige Patienten wird das Gewahrwerden der ödipalen Situation nicht einfach als Verlust, sondern als psychische Katastrophe erlebt. In mythischen Begriffen ausgedrückt, bedeutet es nicht *Das verlorene Paradies*, sondern die Wiederkehr von *Chaos* und die Zerstörung von Ordnung. Psychisch ausgedrückt handelt es sich um unermeßliche Konfusion oder einen bodenlosen, grenzenlosen, dunklen, hohlen, leeren Raum. Für einige Patienten ist das dritte Objekt wie die Chaos-Ungeheuer der alten Kosmologien eine fortwährende potentielle Bedrohung der psychischen Ordnung, die nur durch eine Abwehrorganisation in Schach gehalten werden kann; ohne Kontrolle durch den Patienten, droht die Analyse das Chaos-Ungeheuer freizusetzen. Andere nehmen das dritte Objekt als Quelle von Weisheit und Sicherheit auf. Bei diesen Patienten handelt es sich dann weniger um eine erotische Übertragung, welche die erste Gruppe charakterisiert, sondern die Worte des Analytikers werden in einer Orakel-Übertragung idealisiert. In beiden Fällen wird die Verbindung der Übertragung mit dem Primärobjekt und derjenigen mit dem dritten Objekt gefürchtet. Diese Verbindung hat ein *vereinigtes Objekt* zur Folge, welches m. E. eine Wiederherstellung des Primärobjekts mit all seinen Funktionen bedeutet. Dies beinhaltet die Bereitstellung von Bedeutung, die in gescheiterter Form als *malignes Mißverstehen* erfahren wird.

Das Bedürfnis nach Übereinstimmung ist der Erwartung von Verstehen umgekehrt proportional, weshalb dort, wo es absolut keine Erwartung von Verstehen gibt, absolute Übereinstimmung gebraucht wird. Dies kann nur durch Magie, Tyrannei oder Gehorsam erreicht werden, weshalb eine Übertragung unter diesen Umständen durch Wechselseitigkeit charakterisiert ist, die auf projektiver Identifikation beruht; tyrannische Kontrolle durch den Patienten oder vollständige Unterwürfigkeit. Zu verschiedenen Zeiten, manchmal in verschiedenen Momenten, kann es sich um ein jegliches dieser drei handeln.

Aus dem Englischen von Claudia Frank

Literatur

Bick, E. (1990 [1968]): Das Hauterleben in frühen Objektbeziehungen. In: E. Spillius (Hrsg.): Melanie Klein heute, Bd. 1, München, Wien (Verlag Int. Psychoanalyse), 236–240.

Bion, W. R. (1959): Attacks on linking. In: Second thoughts. New York (Aronson) 1967. Deutsch: Angriffe auf Verbindungen. In: E. Spillius (Hrsg.): Melanie Klein heute. Bd. 1. München, Wien (Verlag Int. Psychoanalyse), 110–129.

– (1962): A theory of thinking. In: Second thoughts. New York (J. Aronson) 1967. Deutsch: Eine Theorie des Denkens. Psyche, 17 (1963), 426–435.

– (1962): Learning from experience; London (Karnac). Deutsch: Lernen durch Erfahrung, Frankfurt (Suhrkamp), 1990.

Britton, R. (1989): The missing link: parental sexuality in the Oedipus complex. In: The Oedipus complex today. Clinical Implications. Ed. by R. Britton, M. Feldman, E. O'Shaughnessy. London (Karnac), 83–101.

– (1993): Fundamentalismus und Idolbildung. In: »Die klugen Sinne pflegend«, hrsg. v. J. Gutwinski-Jeggle, J. M. Rotmann. Tübingen (edition diskord).

Cohn, N. (1993): Cosmos, Chaos and the World. London (Yale Univ. Press New Haven).

Descartes, R. (1993): Meditationen über die Grundlagen der Philosophie. Hamburg (Felix Meiner Verlag).

Freud, S. (1923b): Das Ich und das Es. GW, Bd. 13, 235–289.

– (1933a [1932]): Neue Folge der Vorlesungen zur Einführung in die Psychoanalyse. GW, Bd. 15.

Ovid (1990): Metamorphosen. München, Zürich (Artemis-Verlag).

Sartre, J.-P. (1991 [1943]): Das Sein und das Nichts. Versuch einer phänomenologischen Ontologie. Hrsg. v. T. König. Hamburg (Rowohlt).

Diskussion

Es wird nach der Bedeutung nicht nur der Schwierigkeiten der Mutter im Umgang mit den Projektionen des Babys, sondern auch der Projektion von seiten der Mutter in das Baby gefragt.

Ron Britton: Ich denke, es besteht offensichtlich die Möglichkeit eines malignen Mißverstehens von seiten der Mutter – einer ziemlich aktiven projektiven Identifikation durch die Mutter in den Säugling. Wenn der Säugling eine von der Mutter definierte Existenz hinnimmt, bedeutet das, daß der Säugling den Kontakt mit seiner eigenen potentiellen Existenz verliert. Tatsächlich ist dies die Beschreibung, die Winnicott für seine Formulierung des falschen und wahren Selbst verwendet. Ich würde jedoch auch gerne die Aufmerksamkeit auf das andere Ende des Spektrums lenken, auf die angeborenen oder anlagebedingten Faktoren, die der individuelle Säugling aufweisen kann. Natürlich handelt es sich bei dem, was man in der Realität sieht, um eine Resultante. Man hat nicht hier den Säugling und dort die Mutter. Containment ist ein Prozeß zwischen den beiden. Das Versagen kann dabei auf die Unfähigkeit der Mutter zurückzuführen sein, das vom Kind Kommende zu introjizieren, zu bearbeiten [process] und richtig zurückzuprojizieren, also auf einen Zusammenbruch des Containments. Bei vielen Säuglingsbeobachtungen trifft man jedoch Situationen an, die für manche Säuglinge mit manchen Müttern ganz in Ordnung wären, aber für die Säuglinge unglücklicherweise nicht mit ihren eigenen Müttern. Ein bestimmtes Baby kann, sagen wir, ziemlich fordernd sein, sich leicht verfolgt fühlen, sehr empfindlich sein. Die gleiche Mutter, die solch ein Kind schwierig fand, hätte vielleicht mit dem Containment bei einem – wie die Hebammen sagen – »pflegeleichten Kind« ziemlich gut zurechtkommen können. Es ist hilfreich, dieses Spektrum, das von beiden, von Säugling und Mutter, beeinflußt wird, vor Augen zu haben, um der moralischen Falle in der Analyse zu entkommen, Schuld zuweisen zu müssen. Das gleiche gilt für Analytiker. Die Analyse eines Patienten mag bei dem einen Analytiker nicht gelingen, bei einem anderen aber möglich sein. Man kann in einer schrecklichen Lage sein, wenn man selbst der einzige ist, bei dem etwas geht, und man braucht viele, viele Jahre, um darüber nachzudenken. Nichtsdestotrotz muß man in Betracht ziehen, daß dies eine Möglichkeit ist. M. E. macht es sich als Analytiker bezahlt, sich in dieser Hinsicht kennenzulernen, weil wir im Unterschied zu Müttern eine gewisse Wahl haben. Wir können darüber nachdenken, welche Art von Patienten für uns aufgrund eigener Gründe nicht möglich sind. Ich weiß, daß es gewisse Situationen in Analysen gibt, die für mich persönlich unerträglicher sind als andere. Gewisse besonders schwierige Formen von Gegenübertragung bereiten mir mehr Schwierigkeiten als manch andere. In beiden Fällen muß man die psychische Realität des Patienten respektieren – nämlich daß, wenn sie ein Chaos-Ungeheuer bringen, dann haben sie ein Chaos-Ungeheuer. Und wenn sie es in den Analytiker projizieren, muß man diese Projektion annehmen. Ich muß versuchen, nicht darauf zu bestehen, wirklich Gott zu sein, sondern stattdessen ihre Wahrnehmung zu beschreiben. Der erste von mir erwähnte Fall, den ich supervidierte, ist sehr interessant, weil das Material, das ich vorstellte, aus der zweiten Sitzung stammte. Es war nicht schwer vorherzusagen, wie es in Kürze sein werde, und in der Tat war es dann so, weil dies eine Patientin war, die sofort – wie es diese Patienten eben tun – gerade die üblichen Gegebenheiten der Analyse als verfolgend erlebte. Die andere Art von Patient, auf die ich mich bezog, scheint als Container für die mütterliche projektive Identifikation gebraucht worden zu sein. Als ein Weg, solch eine Situation zu überleben, schien diese Patientin an dem dritten Objekt festzuhalten. Dies bedeutete jedoch, daß es sich nicht um eine einfache ödipale Situation handelte, wie es leicht erscheinen könnte. Vielmehr bedeutete es, daß Subjektivität an sich von der Patientin gemieden wurde, einschließlich der subjektiven Erfahrung des Selbst. Die Patientin erlebte sich selbst als ein Objekt in Verbindung mit einem Vater, der geordnet, strukturiert und alles, was gesund ist, war, aber das war auch alles, was sie ihrem Gefühl nach war: nur eine Beschreibung. Ich untertrieb, wie schrecklich die Gegenübertragung in solch einem Fall für den Analytiker ist, da sie die Subjektivität der Patientin repräsentiert, die gemieden wird. Die Gegenübertragung besteht darin, kaum zu existieren, depersonalisiert zu sein und nichts zu haben, worauf man stehen kann. Ich dachte meist, »ich könnte dies sagen, ich könnte jenes sagen, ich könnte dies denken, ich könnte jenes denken« und »nun, warum sollte ich dies eher als jenes denken? Ich operiere in einer Art Raum ohne irgendeine Art von Basis, ich habe keine subjektive Begegnung, in der irgend etwas zu verankern wäre.« So war ich einfach wie eine Reihe psychoanalytischer Theorien, die durch ein leeres Universum rumpelten, und fühlte mich ziemlich unwirklich in dem Prozeß.

Es wird die Frage nach den technischen Problemen im Umgang mit solchen Patienten aufgeworfen.

Ron Britton: Es ist eine sehr schwierige Frage, da jede kleine Geste, jeder kleine Moment in der Analyse eine potentielle Bedrohung darstellt, eine potentielle Krise, da nichts in einer einfachen, üblichen Art und Weise angegangen werden kann. Was macht man also? Ich versuche, einfach den Ereignissen und dem Material zu folgen und die Situation, wie sie der Patient wahrnimmt, auszudrücken. Ich denke aber auch, daß man, sogar vom Beginn der Analyse an, nicht nur Deutungen gibt, wie der Patient mich oder die analytische Situation wahrnimmt, sondern daß man von Zeit zu Zeit die Gelegenheit hat, die Situation, wie sie in der Übertragung aufgetaucht ist, zu beschreiben. Wenn es zu einer kleinen Sackgasse gekommen ist, kann man die Aufmerksamkeit darauf lenken und sie beschreiben. Das ist wirklich alles, was ich vorschlagen kann. Meines Erachtens ist die Frage fast nie, wie ich eine Analyse führen *sollte*, sondern vielmehr, wie gehen wir, der Patient und der Analytiker, mit der Situation, in der wir uns jetzt befinden, um? Ich fühle mich an Wittgenstein erinnert, der gefragt wurde, wozu seiner Meinung nach Philosophen da seien? Er hatte den Punkt erreicht, an dem er dachte, daß sich die Philosophie im ständigen Nachdenken über Philosophie selbst in die Falle gegangen sei und sich in ihren eigenen Bemühungen, Dinge zu tun, verheddert habe. So sagte er: »Der Fliege helfen, aus der Fliegenflasche herauszukommen«. Mit anderen Worten sagte er, daß die Leute unweigerlich in der Falle sitzen, in der Sprache oder in irgendeiner anderen Art und Weise. Die Aufgabe des Philosophen sei, ihnen zu helfen, aus etwas herauszukommen. Der Fehler besteht oft darin zu denken, es gehe um die Art und Weise des Vorgehens, um entweder zu vermeiden, in etwas hineinzugeraten, oder um den rechten Weg zu finden, etwas zu tun. Wenn Sie wirklich genau hinschauen, merken Sie, daß sie schon drinnen sind, und was Sie wirklich versuchen, ist, ihren Weg herauszufinden. In Analysen wie derjenigen, die ich erwähnt habe, gibt es ab dem Zeitpunkt des Analysebeginns eine Situation, in welcher sich der Analytiker vorfindet. Z. B. die Frage der Couch, was tut man damit? Ich weiß es nicht. Man hofft, daß man inspiritativ an einem Punkt etwas sagen könnte, das es dem Patient eher ermöglicht, die Couch zu benützen. Andererseits, wenn der Analytiker zu sehr daran denkt, entwickelt man einen Deutungsstil, bei dem man am Ende jeder zweiten Aussage »und deshalb können Sie nicht auf der Couch liegen« anhängt. Und die Analyse beginnt sich um das Liegen auf der Couch zu drehen – und wann wird der Patient auf der Couch liegen? So, als ob nur, wenn der Patient auf der Couch liegt, Analyse stattfinden würde. Meines Erachtens gilt es, wenn möglich zu vermeiden, sich in Regeln solcher Dinge zu verfangen und zu versuchen, die große Schwierigkeit des Patienten zu verstehen: daß er sich in erster Linie durch Regeln bedroht fühlt und daß er in zweiter Linie obsessiv beschäftigt ist herauszufinden, worin die versteckten Regeln bestehen, und alle

Arten von Regeln zu entdecken, die tatsächlich gar nicht existieren, mit denen er aber entweder konform geht oder gegen die er rebelliert. So ist die Situation, in der Sie sich befinden; denn für den Patienten stellt In-Analyse-Sein, was bedeutet, zu einer Stunde zu kommen, vom allerersten Moment an ein riesiges Problem dar.

John Steiner: Ich war überrascht von Deinem Vorschlag, daß die Fähigkeit zu beobachten, ohne selbst teilzuhaben, eine notwendige Bedingung der Selbst-Beobachtung sei, und daß diese Situation in der Urszene aufkomme, wo die Schwierigkeit, ein Nicht-teilnehmender-Beobachter zu sein, den zentralen Kampf des Kindes ausmache. Und ich frage mich, ob es wirklich jemals möglich ist. Dies erinnert mich an eine Geschichte, die mir ein Patient erzählt hat: Offensichtlich hatte ein Paar eine vier Jahre alte Tochter, die im Schlafzimmer der Eltern schlief. Nachdem die Eltern eines Tages miteinander geschlafen hatten, tauschten sie Liebesworte aus, und der Ehemann sagte zu seiner Frau »ich liebe Dich«, und eine kleine Stimme sagte »und ich liebe Dich auch«. Ich denke, das ist eine nette Geschichte, da man sich vorstellen kann, daß dieses Kind nicht eine Nicht-teilnehmende-Beobachterin war. Wir können sehen, wie sie in den elterlichen Verkehr als eine Teilnehmerin eintrat und das Gespräch als eines zwischen dem Vater und ihr auffaßte. Es scheint mir, daß die Situation komplexer ist, als Du sie beschreibst. Ich denke, der Prozeß hängt entscheidend von der Fähigkeit ab, in eine Situation zu projizieren, aber auf eine reversible Art und Weise. Das heißt, daß wir teilnehmende Beobachter sind, aber nur vorübergehend. Wir projizieren in eine Situation, aber dann ziehen wir uns wieder auf unsere eigene Identität zurück. So kann unsere eigene Identität eine subjektive sein. Es scheint mir, daß Du eine eigentümliche Art des Versagens beschreibst, die m. E. mit einer bestimmten Art, sich ständig in einem Objekt aufzuhalten, zu tun hat, aus dem man sich nicht wieder zurückziehen kann. Deshalb ist man ein dauernder Teilnehmer an der Identität eines anderen und man kann nicht zu sich selbst zurückkehren. Es scheint eine Verbindung zu der Vorstellung zu geben, die gestern aufkam – das plötzliche Auftreten von Scham, wenn man beobachtet wird. Es erinnerte mich an einen Patienten, welcher der von Dir erwähnten Patientin mit der Unterschrift äußerst ähnlich ist. Dieser Patient sagt immer: »Ich möchte eine Lebenslinie«. Immer wieder möchte er, daß ich ihm eine Struktur gebe, daß ich ihm erkläre, was Denken oder sogar, was Lieben ist. Dieser Patient träumte, daß er einen Mann beobachtete, der ein Paar beobachtete. Dies erinnerte mich sehr an diese Situation. Es war, als ob er versuchte herauszufinden, wie es sei, ein Paar zu beobachten, weil er nie ein Paar beobachtet hatte. Er wurde immer zu einem Teilhaber des Paares. Nun, warum bekommt man es mit dieser schrecklichen Scham zu tun? Ich denke, nicht weil man als Beobachter, sondern weil man tatsächlich als Teilhaber erwischt wird. Der einzelne ist deshalb in Verlegenheit, weil es ihm nicht möglich war, Beobachter zu sein, und weil er in *flagrante delicto* erwischt worden ist. Er war äußerst beschämt, weil er behauptet hatte, ein Beobachter zu sein. Meiner Meinung nach ist folgendes aus Deinem Vortrag äußerst interessant: diese Kombination des Subjektiven und des Objektiven, des Beobachtens und des Beobachtetwerdens, von Innen und Außen, von Wirklichkeit und von Phantasie. Ohne dies sind wir entweder im Chaos verloren, wie Du sagst, oder wir werden in eine Art entlehnter Identität von irgendjemand hineingezogen, der uns eine Lebenslinie gibt und Ordnung aus dem Chaos schafft.

Michael Feldman: Ron Britton kommt auf die Angst vor Chaos vor allem in seinem Beispiel der jungen Frau in dem Supervisionsfall zurück. Er bezieht sich dann auf Freuds Lokalisierung des ursprünglichen Chaos im Es, wo er von gegensätzlichen Impulsen spricht, die nebeneinander existieren, ohne einander aufzuheben oder zu schmälern. Nun, *wir* können vielleicht denken, dies sei ein Problem für den Patienten. Wir können dies als eine Situation erkennen, die gefürchtet wird. Aber für viele

Patienten ist das die Welt, in der sie leben und welche sie zu erhalten streben: Es gibt keine Negation, alles ist gleichermaßen möglich. Es ist die Welt, die Money-Kyrle mit seiner Idee der Verleugnung der Tatsachen des Lebens beschrieb, eine Welt, in welcher man an dem Glauben festhalten kann, man könne ein Erwachsener sein, man könne ein Kind sein, man könne ein Mann oder eine Frau sein, homosexuell, heterosexuell, dieses, jenes, und etwas weiteres; es gibt keine Notwendigkeit, sich klar mit dem, was man ist und wo man ist, zu identifizieren. Hier sehe ich eine Verbindung mit John Steiners Punkt. Eines der Probleme, klar an einem Ort lokalisiert oder gesehen zu werden, hat nicht notwendigerweise mit Chaos zu tun, aber mit der fürchterlichen Angst, gewisse eigene Charakteristika zu haben, irgendwo innerhalb oder außerhalb von etwas zu sein, eine bestimmte Größe oder bestimmte Impulse zu haben – im Gegensatz zu jemandem, der über diese polymorphe Potentialität verfügt. Meines Erachtens ist das eine Art, die Patientin, von der Du sprachst, zu beschreiben. Es schien ein Problem für den Analytiker und ein Problem für den Supervisor zu sein, aber es ist nicht klar, daß es solch ein Problem für die Patientin ist.

Ron Britton: Ich teile durchaus Michael Feldmans Punkt hinsichtlich der Verleugnung von Organisation und der negativen Symmetrie (ich hielt sie für den Kern der Als-ob-Persönlichkeit), wobei alles gleich und entgegengesetzt ist. Aber das wäre nicht die Art von Patient, die ich mit der jungen Frau beschrieben habe. Ich möchte den großen klinischen Unterschied zwischen den beiden Arten von Patienten betonen, die ich beschrieben habe. Die zweite Gruppe entspricht in sehr vielem dem, was John Steiner gerade über Lebenslinien sagte: Die Patienten, die nicht nur nach einer Vorstellung oder einem Vorschlag suchen, den sie annehmen können, (die Tatsache, daß diese im Widerspruch zu etwas anderem steht, was sie glauben, spielt dabei keine Rolle), sondern nach einer Identität. Diese Patienten haben sich völlig von Subjektivität gelöst. So ist alles möglich, da im

Bereich des Denkens alles sowieso nur Gedanken, Vorstellungen und Behauptungen sind. Aber sie unterscheiden sich von den Patienten, um die ich mich zu bemühen versuchte – die Art von Patient, von der Kohuts Denken ziemlich durchdrungen ist. Mit diesen Patienten ist man in der gegenteiligen Situation: Es gibt nichts, was nicht bedeutsam wäre. Darin besteht das Problem. Daraus resultiert die enorm schwierige Situation für den Analytiker, dem sehr wenig Raum zum Manövrieren oder zur Selbstbeobachtung bleibt. Ich sehe die Schwierigkeit so: Diese Patienten machen keinen Unterschied zwischen der inneren Welt und dem analytischen Raum. Der analytische Raum, die analytische Situation befindet sich in ihrem Kopf. Sie wird zur Stunde mitgebracht. Die geringste Art der Abweichung von der Weise, wie sie in ihrem Kopf existiert, stellt gleich eine Bedrohung dar. Nun besteht das Problem darin, daß sie den Analytiker einschließt. Wenn der Analytiker sich also in irgendeiner Weise von dem unterscheidet, was bereits eine brüchige subjektive Organisation ist, kann er sich nicht in einem eigenen Raum bewegen, weil er sich in *ihrer* Psyche [mind] bewegt. Dies ist beinahe greifbar. Für den Analytiker stellt dies eine schreckliche Erfahrung dar, da er sich nicht bewegen kann, ohne in ihrer Psyche und ihrem Denken Brüche zu verursachen. Solange Sie nicht verstehen, daß dies die Situation ist, in der Sie sich mit dem Patienten befinden, realisieren Sie nicht, wo Sie sind. Das meinte ich mit dem In-der-Flasche-Sein. Von dem Beginn einer solchen Analyse an ist das die Situation des Analytikers. Die unmittelbare Lösung besteht in dem Versuch, die Situation des Patienten so umfassend wie möglich zu beschreiben. Ich denke, es gelingt, wenn man empathisch ist und seine Empathie richtig und wohlwollend einsetzt: Es erfordert eine Gabe, die Situation des Patienten in Worte zu fassen. Die Schwierigkeit besteht darin, daß die Beschränkung darauf in einen endlosen Prozeß führt – sie stellt ein Rezept für eine endlose Analyse dar. Der Patient wird vollkommen abhängig davon, und der Analytiker kann nichts anderes machen. Deshalb sagte ich, daß man bereits von Anfang an – und sei es in sehr geringem Umfang – versuchen muß, eine etwas weitere Sicht der Situation einzubringen. Dies kann zu einer gewissen traumatischen Reaktion führen, aber wenn sich das innerhalb annehmbarer Grenzen bewegt, kann man dann die Erfahrung des Patienten damit analysieren ...

John Steiner: Aber wie sieht die Beziehung zwischen dem Zustand, den Du gerade beschrieben hast, bei welchem der Analytiker sich nicht bewegen kann, und Deinen Gedanken zum Chaos aus?

Ron Britton: Das Chaos, von dem sich die Patientin bedroht fühlt, besteht in der Störung ihres bereits vorgefaßten Arrangements durch den Analytiker, d. h. daß der Analytiker so ist, wie sie ihn wahrnimmt. Sie hat eine subjektive Version der Welt, die eine objektive Beschreibung nicht überleben würde.

Es wird die Frage gestellt, ob es einen Unterschied gibt zwischen einem Beobachtet-Werden durch Sehen oder Hören.

John Steiner: Scham ist sehr visuell, nicht wahr?

Ron Britton: Absolut. Ich habe nie einen derartigen Patienten, wie ich es beschrieben habe, getroffen, bei dem Gesehen-Werden nicht ein Problem darstellte. Deshalb zitierte ich Rilke – »Die Mutter reißt mich ein, indem sie kommt und schaut«. Aber Sie fragen, ob es einen Unterschied zu Gehört-Werden gibt? Meines Erachtens bestünde kein Unterschied, wenn ich tatsächlich, analytisch gesprochen, dem Patienten Wiegenlieder singen würde. Die Patienten, an die ich denke, sind besonders empfindlich auf Klang: Sie fordern fast einen gewissen stetigen und ebenmäßigen Ton vom Analytiker. Ich interessiere mich sehr für die Art und Weise zu sprechen. Sie werden vermutlich bemerken, wenn sie mich beobachten, daß wenn ich beispielsweise plötzlich denke »Ja, jetzt bin ich dabei, etwas zu formulieren«, sich meine

Stimme ändert. Ich entdeckte über manche meiner Patienten, daß sie gar nicht die Formulierung abwarten – sie kennen diese Stimme und sie bedeutet für sie, daß sie jetzt etwas bekommen, was sie – abhängig von ihrer geistigen Verfassung [state of mind] – als eine hilfreiche Deutung oder einen Lenkflugkörper ansehen. Mit anderen Worten spiegelt der Stil unserer Äußerung den Stil unseres Denkens wider. Dies erinnert mich daran, daß eines der Hauptprobleme mit der ersten Art von Patienten, über die wir hier sprechen, die Empfindlichkeit des Patienten darstellt. Diese ungeheure Wahrnehmungsempfindlichkeit ist oft mit beträchtlicher Intelligenz verbunden.

Es wird die Frage nach der Schwierigkeit gestellt, die Verantwortung für eigene eifersüchtige oder neidisch angreifende Phantasien angesichts der Urszene zu übernehmen.

Ron Britton: Meines Erachtens sind Konzepte wie Verantwortlichkeit hinsichtlich der Patienten, auf die ich mich beziehe, in dem Sinn verfrüht, als sie auf eine Fähigkeit verweisen, die nicht vorhanden ist. Sicherlich wird für diese Patientin in diesem Stadium der Analyse das, was Sie oder ich unter Eifersucht verstehen, nicht mit dem vergleichbar sein, was dieses Gefühl für diese Patientin wäre, deshalb würde das Wort »Eifersucht« nicht jenen Zustand bezeichnen, den wir üblicherweise Eifersucht nennen. Das Äquivalent in ihr wäre wahrscheinlich ein Gefühl, daß sie plötzlich in einem ziemlich gestörten Universum lebe. Wenn man das Modell, das ich angeboten habe, akzeptiert, sind all diese symbolischen emotionalen Kategorien eine Funktion des Ergebnisses der Bemühungen um Containment zwischen Säugling und Mutter. Das meinte ich, wenn ich von Benennen sprach. In diesem Sinn bekommen emotionale Erfahrungen, die man später Eifersucht nennen lernt, eine Gestalt, einen Namen und eine Bedeutung in der Interaktion zwischen Säugling und Mutter. Aber wenn das völlig durcheinander ging, ähnelt es mehr der namenlosen Angst: Man leidet nicht an »Eifersucht«, man leidet an Gott weiß was, was wahrscheinlich »Gott weiß was« genannt wird oder »Das Ende der Welt« oder irgendeine schreckliche geistige Verfassung. Das Schrecklichste an dieser geistigen Verfassung ist, daß sie nicht beschrieben werden kann. Diese Art psychischer Situation stellt meinen Bezugsrahmen dar. Deshalb scheinen sehr oft Situationen – wenn die Analyse fortschreitet –, die normalerweise Eifersucht erregen, eben keine Eifersucht zu erregen, sondern Chaos in der Analyse zu verursachen.

Ein Teilnehmer greift auf Freuds Unterscheidung zwischen Sach- und Wortvorstellungen im Unbewußten zurück. Dies könnte zu einer Situation führen, wie sie Bion beschrieben hat, in der Worte mit Sachen identifiziert werden. In solch einem Zustand würden Deutungen als Sachen und als sehr verfolgend erfahren werden. Der Teilnehmer erwähnte eine Patientin, welche die Deutungen ihrer Bedeutung entkleidete, die sie haßte, und statt dessen die Gegenwart der Stimme des Analytikers erotisierte.

Ron Britton: Das entspricht genau dem, was ich in der Arbeit beschrieben habe, auf die ich mich bezogen habe. Es ist genau das Phänomen, das ich gefunden habe, daß Worte als Decken benützt werden, als Beruhigung, daß sie alles andere tun, nur nicht Bedeutung zu vermitteln. Ich übernahm die Idee von Wort und Sache aus Freuds Arbeit über das Unbewußte.

Michael Feldman: Ich würde gern die Dimension zwischen Angst vor Chaos oder namenloser Angst auf der einen Seite und Angst vor Bedeutung auf der anderen Seite näher beleuchten. Es ist interessant, über die Vorstellung von Apophis in der ägyptischen Mythologie nachzudenken und zu fragen, inwieweit es sich um eine chaotische, namenlose Art von amorpher Kraft handelt oder inwieweit es sich um ein Mittel mit einem Zweck handelt. Ich denke darum ging es Bion in seiner Arbeit »Attacks on Linking«, daß der Zweck der Angriffe darin bestand, Bedeutung anzugreifen, nicht einfach so, sondern weil Bedeutung so schwer zu ertragen ist. Mit anderen Worten, die Vorstellung des elterlichen Paares oder des Zusammentreffens von zwei Gedanken kann so bedrohlich für den Patienten sein, daß ein Zustand mit weniger Bedeutung oder mehr Chaos als besser empfunden wird. Vermutlich gibt es nun andere Patienten, für die Chaos solch ein schrecklicher Ort ist, daß sie um jeden Preis nach Bedeutung suchen – um den Preis der Unbeweglichkeit beispielsweise.

Ron Britton: Bion hat zwei Modelle der namenlosen Angst an zwei verschiedenen Stellen vorgelegt, obwohl diese nicht oft kommentiert werden. Bei einem ist ziemlich klar, daß er über die Faktoren in der Mutter spricht; bei dem anderen erklärt er sie im Rahmen dessen, was er zu diesem Zeitpunkt Neid nennt. Ich ziehe es vor, um ihm keinen Namen geben zu müssen, von -K zu sprechen. Ich habe beide dort belassen. Ich fand die ägyptische Mythologie so faszinierend, weil ich niemals zuvor einer Kultur – oder eigentlich mehreren Kulturen – begegnet bin, die so klar an diese zwei Prinzipien, K und -K, zu glauben scheint. Die Ägypter nannten das Maat, was Bedeutung und Ordnung sucht; und dem widersetzte sich ein gegensätzliches Prinzip, das sie Apophis nannten, das Ordnung und Bedeutung zu eliminieren suchte. Diese werden dann personifiziert und die Verkörperungen werden zu Chaos-Ungeheuern, aber sie beginnen als zwei Prinzipien. Mit diesen Begriffen wird etwas beschrieben, was mit einem sehr basalen Wunsch nach Rückkehr zum ursprünglichen Chaos zu tun hat. Wenn man es mit Hilfe der ägyptischen Vorstellungen ausdrückt, dann wollen die Chaos-Ungeheuer den Kosmos in seinen ursprünglichen Zustand zurückversetzen. Die ursprünglichen Verhältnisse sind faszinierend, weil sie ihr Wesen als etwas *Bevor-es-zwei-von-etwas-Gab* definieren. In der psychischen Terminologie wäre es etwas, was *gegen* das Dasein von Zwei von Etwas ist, gegen jegliche Unterscheidung zwischen Dingen, gegen die Existenz von irgendeinem Ende, einer Gestalt, einer Qualität. Im analytischen Chargon wird dies üblicherweise der Todestrieb genannt. Ich habe diesen Begriff nicht benutzt, weil jedermann bereits weiß, ob er mit dem Konzept des Todestriebes übereinstimmt oder nicht, aber nicht, ob er mit dem, was ich sage, übereinstimmt oder nicht. Aber was immer man über die Ätiologie des Zusammenbruchs des Containers z. B. bei dieser jungen Frau denkt, womit wir es zu tun haben, sind die Folgen. Was immer wir über die Kräfte, die sie verursachen, meinen, der Patient leidet an den Auswirkungen. Die Patientin muß nun mit einem inneren Objekt umgehen, das ständig – im Namen der Einführung von Ordnung – bedroht. Das heißt, was diese Patienten als besonders gefährlich empfinden, ist, daß dieses Chaos-Ungeheuer die Position des Überichs angenommen hat. Das hat Bion das Ego-destructive-Superego genannt. Es ist eine zerstörerische Kraft, der es gelungen ist, den Platz des Überichs zu besetzen, und so statt das Ich bei *seinen* Anstrengungen, Ordnung einzuführen, zu unterstützen, versucht, es die ganze Zeit über zu zerschlagen. Und als solch eine Art Überich könnte der Analytiker empfunden werden.

John Steiner: Meinst Du, es gibt einen Unterschied zwischen Ordnung und Bedeutung? Michael Feldman sprach über Patienten, die nach Bedeutung suchen und dann Bedeutung als schrecklich verfolgend erleben. Aber es scheint bei vielen Beispielen, die Du beschreibst, als ob der Patient durch Bedeutung bedroht ist, aber durch Ordnung an Sicherheit gewinnt.

Ron Britton: Ja, wenn mit wirklicher Bedeutung nicht umgegangen werden kann, weil Chaos nicht ertragen werden kann, kommt es zu einer anderen Art von Ordnung, die Du pathologische Organisation genannt hast. Die Patienten bleiben dann bei *ihrer* Ordnung, diese Ordnung muß dem Analytiker auferlegt werden. Das ist der Punkt, an dem der Analytiker eine Bedrohung darstellt. Dies erinnert mich an eine andere Quelle der Gedanken, die ich heute vorgestellt habe, den Dichter William Blake. Es gibt eine sehr interessante Vorstellung in seinen metaphysischen Gedichten – seinen ziemlich fremden, visionären, man kann sagen, prophetischen Schriften. Er stellt sich einen perfekten Seinszustand vor, der durch das Auftauchen einer Figur unterbrochen wird, die er Urizen nennt, was Vernunft bedeutet. Er beschreibt eigentlich ein Modell der Seele [mind], obwohl er über das Universum spricht. Diese Figur reißt ihn los, erzeugt aber einen gewaltigen Abgrund. Daraus ergab sich das große Verbrechen, daß er – was Blake als einen schrecklichen Zustand betrachtete – eine geteilte Welt schaffte. Sie war durch Geschlecht und Generation geteilt. Blake nannte sie das Generationsuniversum. Blake sah die einzige Lösung darin, aus diesem Zustand heraus- und zurückzukommen. Dies erreichte er in seinen Schriften durch einen Wiedereintrittspunkt zu einem Ort namens Beulah. Es scheint ein sehr schwüler, zarter und sexueller Ort zu sein, an dem jede sexuelle und sinnliche Möglichkeit existiert, an welchem alle Widersprüche wahr sind. Wenn Sie dies als eine Art Modell betrachten, ist es wie ein Bild von jemand, der eine Art Zusammenbruch hatte, den m. E. Blake sicher erlitt. Er scheint den Zusammenbruch mit der Entdeckung von Generation und Geschlecht in Zusammenhang zu bringen. Den einzigen Weg zur Gesundung sah er nicht in deren Akzeptanz, sondern in ihrer Abschaffung. Sein erster Schritt besteht in dem Versuch, nicht ins Chaos, vielmehr in eine imaginierte Welt von Widersprüchen einzutreten. Das steht in Verbindung mit dem, was John Steiner seelischen Rückzug nennt, da Menschen in dieser Situation ihre tatsächliche psychische Realität die ganze Zeit über meiden. Sie leben nicht mehr im Zentrum ihres eigenen subjektiven Selbst, sondern in einer Art von seelischem Rückzug.

Überarbeitung des Tonbandtranskripts von Richard Rusbridger.
Aus dem Englischen von Claudia Frank.

Schlußdiskussion

Es wird gefragt, wie die Referenten den Ödipuskomplex verstehen, der von ihnen als Bewegung von der paranoid-schizoiden Position hin zur depressiven Position umrissen worden ist. Der Diskutant fragt sich, welcher Art die treibende Kraft sein könnte, die solch eine Bewegung erklären würde. Diese Kraft wäre das Äquivalent der Libido in Freuds Modell des Ödipuskomplexes – jenes Modells, das der Diskutant bevorzugt.

John Steiner: Ich stimme Ihnen zu – die verfolgende Version des Ödipuskomplexes ist tatsächlich weniger verfolgend als die depressive Version, und dies gibt uns oft Rätsel auf. Warum bewegen sich Patienten eigentlich von der depressiven in die paranoid-schizoide Position? Warum wird die Paranoia, die so schrecklich scheint, der depressiven Schuld vorgezogen? Ich wüßte nicht, daß wir darauf eine Antwort hätten. Das war einer der Punkte meines Vortrages: wir wissen nicht, was es ermöglicht, sagen wir, den Rachekreislauf aufzuheben, so daß Schuld und Wiedergutmachung möglich werden können. Ich denke, daß beide Versionen oder Imagos – sowohl die verfolgende Freudsche Version als auch die depressive – in gewisser Weise in jedem von uns vorhanden sind, so daß der einzelne nicht die eine der anderen vorziehen kann: er oder sie haben einfach mit beiden zu tun. Ich bin sicherlich beeindruckt von der Kraft des Freudschen Modells. Ich erinnere mich an einen Vortrag über Sophokles' Ödipus, den ich einmal vor einem Publikum hielt, zu dem einige Psychoanalytiker gehörten, die auch klassisch gebildet und Sophokles-Experten waren. Es war mir gegenüber sehr kritisch, und ich fühlte mich plötzlich ganz schrecklich: ich hätte die griechische Kultur und griechische Literatur völlig mißverstanden und Autorität in völlig ignoranter Art und Weise verhöhnt. Ich fühlte die Macht des Vaters, der mich in der Öffentlichkeit demütigte, und ich erinnere, daß ich sagte: »Es tut mir furchtbar leid«. Meine Kollegen mußten mir zu Hilfe kommen und einwerfen: »Jetzt erst mal langsam«. Es ist also sehr mächtig. Was die Kausalitätsfrage betrifft, so bin ich nicht sicher, ob das Freudsche Modell viel hilfreicher ist als dieses andere. Der Ödipuskomplex beschreibt eine Objektbeziehung, die zwischen Vater und Sohn besteht – beide mit ihrer eigenen Version der Realität. Die Version des Vaters ist nicht notwendigerweise die richtige – manchmal, und besonders bei der französischen Psychoanalyse, ist es so, als ob der Vater alles wisse, *le nom du père* alles erkläre und der Vater die Realität *sei*. Wir wissen, daß es nicht ganz so einfach ist: die Version des Sohnes steht gegen die des Vaters und deshalb erscheint die Frage, welche die richtige sei, sehr viel komplexer.

Ron Britton: Meines Erachtens geht es nicht nur darum, welche Kraft involviert ist, sondern wieweit unsere Erklärung reicht. Und ich denke, Klein und Bion haben ein sehr wirkungsvolles Erklärungssystem zur Verfügung gestellt, das sich von dem Freuds unterscheidet. Hier bin ich nicht sicher, ob ich mit John Steiner übereinstimme. John ist betont auf Freuds Auffassung zurückgekommen, bei der es um Kastration und ödipale Strebungen geht. Klein legt – mit dem ganzen Konzept der depressiven Position – nahe, daß eigentlich die Auflösung von Ambivalenz eine entscheidende Rolle für den Ausgang des Ödipuskomplexes spiele. Wenn der Liebe gegenüber dem Haß der Vorzug gegeben wird, findet die Bewegung, die aus dem verfolgenden Modus herausführt, statt, so daß das Kind auf die Ansprüche auf das Objekt verzichtet, um das Objekt zu erhalten und nicht einfach nur das Selbst. Meines Erachtens reicht dies als Erklärung noch nicht aus, wenn Sie nicht das Moment hinzunehmen, das m. E. Bion betonte, aber nie ganz damit herauskam: daß Realität als Trieb in *Das Ich und das Es* gegenwärtig ist. Sie sagen, daß Freud dieses wunderbar klare Modell hatte, aber ich denke nicht, daß es Freuds Modell ist, das Sie beschrieben haben, denn als er bei *Das Ich und das Es* angelangt war, sagte er sehr klar, das Ich habe drei, nicht zwei Herren: die Realität, die Moral – das Über-Ich – und das Es. Aber er hat uns nie mit einer Kraft für die Realität ausgestattet. Ich denke, die zentrale Schwäche seiner Theorie besteht darin, daß das Realitätsprinzip nur ein Anbau an das Lustprinzip ist. Wenn man den nächsten Schritt macht – und genau das tat Bion meiner Ansicht nach – und annimmt, daß wir einen angeborenen Wißtrieb haben, einen Trieb, mit der Realität in Beziehung zu treten, wissen zu wollen, was Realität ist, dann hat das m. E. einen größeren Erklärungswert. Dann kann ein Konflikt zwischen der gewünschten Sicht der Dinge und der tatsächlichen Wahrnehmung der Gegebenheiten bestehen. Die ödipale Situation gemäß dem depressiven Modus ist dann eine Situation, in der man diese verschiedenen Momente integrieren muß. Und deshalb denke ich, daß tatsächlich die Anerkennung der elterlichen Beziehung die Lösung darstellt. Ich habe wahrscheinlich die Haltung des elterlichen Paares übertrieben dargestellt, aber es ist tatsächlich eine Art Referenz an die Beziehung mit den Eltern. Das ist m. E. einfach die Realität, auf diese Weise hat unsere Psyche die Welt strukturiert und deshalb findet sie tatsächlich in der Verkörperung des elterlichen Paares statt. Die Anerkennung der elterlichen Beziehung repräsentiert deshalb die Integration der Erfahrungen mit der Welt während unserer Entwicklung. Auf einer noch basaleren Ebene findet immer ein Versuch statt, für Subjektivität und Objektivität eine Lösung zu finden – wozu wir geboren sind und woran wir ständig scheitern. Das ist das andere Moment, das ich hinzufügen würde, denn ich denke nicht, daß der Ödipuskomplex jemals abschließend gelöst wird; m. E. findet ein ständiges Recycling statt.

Es wird die Frage aufgeworfen, ob das Freudsche Modell des Ödipuskomplexes nicht schon die Ambivalenz in der Eltern-Kind-Beziehung in Rechnung stelle, indem es nicht nur den Haß auf den gleichgeschlechtlichen Elternteil enthalte, sondern auch seine oder ihre homosexuelle Liebe gegenüber diesem Elternteil.

John Steiner: Aber was wäre die homosexuelle Liebe? Mir scheint, daß sogar die Kennzeichnung als »homosexuell« sie in gewisser Weise herabsetzt. Ich denke, ich würde sie Liebe zum Vater nennen, denn sobald man über eine wahre Liebe gegenüber dem Vater verfügt, was in der Tat der Verfolgung entgegenwirkt, schließt dies die Mutter ein. Das Liebesgeschenk für den Vater ist, ihm eine Beziehung zur Mutter zu erlauben. Diese homosexuell zu nennen, klingt wieder sehr besitzergreifend, und ich denke, der Hinweis von Ron Britton war sehr hilfreich, daß die ödipalen Dreiecke immer instabil sind und daß die Möglichkeit, den Eltern eine Beziehung zu erlauben, nur für einen kurzen Moment gegeben ist. Dieser Moment gründet auf Liebe. Dann wird es rasch wieder instabil, und eine besitzergreifende Beziehung mit dem einen oder anderen Elternteil wird dominierend – diesen Kreislauf bezeichnen wir mit PS <> D. Worum wir uns bei dieser Konferenz bemüht haben, ist zu zeigen, daß unserer Ansicht nach PS <> D auch viel ödipaler ist. Es gibt eine PS- und eine D-Version des Ödipuskomplexes.

Ein Teilnehmer bringt das Problem des Benennens von Gefühlszuständen durch den Analytiker zur Sprache. Dies könnte als eine elterliche Aufgabe angesehen werden und es könnte die Gefahr bestehen, zu sicher hinsichtlich der Richtigkeit von Deutungen zu wirken; er denke, daß Kleinianer manchmal zu sicher in dieser Weise scheinen. Vielleicht könnte man bei einer Deutung darauf verweisen, daß diese nur eine Sicht der Realität repräsentiere.
Ein anderer Teilnehmer kehrt zu Ron Brittons zwei Versionen des Ödipuskomplexes zurück und wirft die Frage nach einer dritten Version auf. Diese sei in »The Oedipus Complex Today«[1] *als eine Borderlineposition beschrieben, in der perverse Mecha-*

[1] Britton, R., Feldman, M. und O'Shaughnessy, E. (1989): The Oedipus Complex Today: Clinical Implications. London (Karnac).

nismen benutzt werden, besonders der Mechanismus des »Ein-Auge-gegenüber-der-Realität-Verschließens«[2]. *Der Teilnehmer überlegt, inwieweit dies mit Bions Konzept von K und -K verbunden werden könne, da in Bions Modell des Wissens Platz für diese spezielle Form von partiellem Wissen sein könne.*

John Steiner: Es steht in Frage, wie wir über viele klinische Verfassungen denken: daß es zwei Versionen des Ödipuskomplexes oder jeder anderen Erfahrung gibt. Wir stimmen gut mit Freud hinsichtlich des Ödipuskonflikts als Kernkomplex überein. Das heißt, wann immer man ein Phänomen erörtert, es handelt sich letztlich um die Urkonfiguration. Aber wir denken, daß die Spannung zwischen diesen beiden Versionen so groß ist und beide so schwierig sind, daß es zu verschiedenen Kompromißbildungen kommt, von denen wir nicht recht wissen, wie wir sie nennen sollen. Ich nenne sie psychische Rückzüge, pathologische Organisationen, Borderline-Positionen usw. Sie repräsentieren eine Art alternativer Position, die eine Lösung der Spannung in zu katastrophaler Weise vermeidet.

Ein Teilnehmer bringt das klinische Beispiel einer Patientin, die voller Ressentiments war, weil ein ihr überreichtes Geschenk von der Geberin nicht geschätzt worden war.

Michael Feldman: Es handelt sich um eine interessante und schwierige Angelegenheit, denn wir haben es mit einem solch komplexen Spektrum der Welt zu tun. Einerseits hat man das Gefühl, daß die Patientin dazu berechtigt ist, etwas zurückzuweisen, das ihr in kleinlicher oder zu nötigender oder andere Art und Weise präsentiert wird. Andererseits handelt es sich um eine Situation, wie wir sie gestern kurz ansprachen und die John Steiner so hilfreich elaboriert hat: es ist, als ob die Patientin

[2] Zu »to turn a blind eye to« siehe unsere Anmerkung in der Einleitung.

erwartet, daß etwas genau in der richtigen Art und Weise getan werde – wie im Bild der Prinzessin auf der Erbse – und wenn nicht, bildet dies eine Grundlage für den Groll. Meist arbeiten wir irgendwo zwischendrin – das ist die Realität. Hinsichtlich der Art, wie wir bestimmte, sehr frühe Prozesse benennen, denke ich, daß dies manchmal zutreffend geleistet werden kann, es kommt dann zu einer Empfindung der Erleichterung, und man hat das Gefühl, daß etwas eingefangen [captured] wurde; während man andererseits nicht so sicher ist und das Gefühl hat, daß etwas falsch klingt. Wenn wir nur Deutungen ohne Streusand [grit] geben, stimmt etwas nicht. Dies ist ein Gesichtspunkt, den Betty Joseph in einigen ihrer Arbeiten beschrieben hat: wie z. B., wenn sie bemerkt, daß sie sich in einer zu behaglichen oder komfortablen Beziehung mit dem Patienten befindet und der Patient alles, was sie sagt, akzeptiert und bewundert, etwas nicht in Ordnung ist. Und offensichtlich ist es nicht gut, wenn wir so eine Angst vor dem Unmut unserer Patienten haben, daß wir nicht wagen, etwas potentiell Verletzendes zu sagen. Es ist sehr schwierig, die richtige Balance zu finden. Ich denke, die Formulierung der Deutung ist wichtig, aber es gibt dafür keine Formel, denn den Ausschlag gibt m. E. eher die Haltung des Analytikers als die Wahl der Worte. Mir fällt ein Kollege ein, der ziemlich stolz erzählt, daß er seine Deutungen immer mit »vielleicht« einleitet. Nun handelt es sich dabei um eine sehr kontrollierende, dominierende Person. Er hat das Gefühl, daß – solange er dieses kleine Motiv voranstellt – der Patient nicht das Gefühl haben wird, daß ihm etwas hineingewürgt wurde [forced down his throat]. Unglücklicherweise liegt die Lösung nicht in einer bestimmten Formulierung, sondern in der Haltung des Elternteils oder des Analytikers, die vermittelt, daß sie bereit sind, den Aufruhr zu riskieren, der mit dem Geben verbunden sein kann – wie das Obst und das Eis, das eine etwas härtere Konsistenz haben kann oder Ihrer Majestät genau zu diesem Augenblick nicht ganz behagt. Ich denke, das ist auch der Gesichtspunkt, den John Steiner gestern ausführte, nämlich daß es eine besondere Dynamik zwischen zwei Menschen gibt, daß es bestimmte Säuglinge gibt, die wesentlich empfindlicher sind als andere, und bestimmte Eltern, die einen stärkeren Impuls verspüren, entweder etwas aufzudrängen oder zu kolludieren. Und ich denke, bei den analytischen Dyaden findet man die gleiche komplexe Verbindung.

John Steiner: Ich finde das auch eine sehr interessante Frage und tatsächlich steht sie in Zusammenhang mit dem, was wir über den Ödipuskomplex sagten. Gestern traf jemand eine Unterscheidung zwischen Bedeutung und Ordnung, und man könnte sagen, es bestehe eine weitere zwischen Wahrheit und Autorität. Manchmal vergessen wir, wie sehr unsere Aussagen von Patienten oder auch manchmal von Kollegen als solche von ungeheurer Autorität angesehen werden. Aber das hat nichts damit zu tun, ob sie falsch oder richtig sind. Es scheint mir, daß der Patient manchmal Wahrheit fürchtet und Autorität willkommen heißt, aber ich denke, die alternative Reaktion ist gesünder: d.h. das Wort einer Autorität nicht automatisch zu akzeptieren. Mit anderen Worten: man möchte überzeugt von der Wahrheit von etwas sein. Das Interessante dabei ist – was mit dem Gesichtspunkt von Michael Feldman zusammenhängt –, daß es keine Formel dafür gibt, mit deren Hilfe dies vermieden werden könnte. Ich denke, wenn man eine autoritäre Aussage präsentiert, muß es dem Patienten möglich sein, dagegen zu rebellieren und sich mit dem Vater zu überwerfen. Und es ist keine Lösung, in eine Art Borderline-Position zu schlüpfen, in der man sagt: »Wenn mein Vater nur nicht so autoritär wäre, dann würde ich akzeptieren, was er sagt«. Das ist irrelevant für die Frage, ob das, was er sagt, wahr ist oder nicht. Am Ende gibt es m.E. keine andere Lösung als gegen die Autorität zu rebellieren und zu sagen: »Ich weigere mich, dies nur aufgrund von Autorität zu akzeptieren, Sie müssen mich überzeugen«.

Ron Britton: Ich denke, man sollte sich daran erinnern, daß die Macht des Benennens aus ihrer Notwendigkeit resultiert: wir werden mit der Suche nach Namen geboren. In meinem Vortrag sprach ich über die enorme Autorität der Namensquelle. Die von mir erwähnte Patientin, welche die Couch nicht benutzte, sagte: »Wenn ich auf der Couch liege, wird es die Stimme Gottes sein«. Sie dachte, daß es möglich sein würde, der Stimme Gottes zu widerstehen, wenn sie sitzenblieb – natürlich um den Preis, daß Gott überhaupt keine Stimme haben würde. Aber der eigentliche Grund dafür ist ihre schreckliche Angst vor Namenlosigkeit. Diese versetzt sie meiner Ansicht nach in die Position, in der sie nach der Stimme Gottes sucht: sie hat schreckliche Angst vor dem, was ich Chaos nenne, ein Zustand der Namenlosigkeit, und sucht deshalb nach Ordnung. Ich denke, in Gesellschaften passiert das Gleiche: in Zeiten von Chaos tendieren wir dazu, autoritäre Regimes anzustreben, die uns sagen, wie alles zu machen ist. Ich möchte auch noch den Punkt klären, der vorher angesprochen wurde – daß die Kleinianer zu sicher seien, Verfassungen zu benennen, und Patienten dies akzeptieren. Zweifellos können sich Kleinianer hier irren. Aber wenn Sie das furchtbare Problem der Fälle in den Blick nehmen, über die wir hier sprechen, bei denen Subjektivität und Objektivität für den Patienten inkompatibel erscheinen – was dabei mit den Analytikern geschieht, ist, daß sie zwei Gruppen bilden. Die eine Gruppe wird dem Patienten alles sagen, die andere wird sich alles vom Patienten sagen lassen, und dann werden sie miteinander streiten, als ob das Problem sich irgendwie lösen lasse. Und beide Prämissen sind falsch, da sie beide annehmen, die Katastrophe bei dem Versuch der Integration dieser Gesichtspunkte müsse nicht stattfinden. Beispielsweise kann bei dieser Art des Denkens der Patient den Glauben beibehalten, es ginge ihm gut, wenn nur der Analytiker lernen würde, es richtig zu machen. Das war genau der Grund, warum ich über meinen ersten Fall sprechen und ihn von den Patienten, über die John Steiner und Michael Feldman sprachen, abgrenzen wollte. Der Grund, diesen Fall auszuwählen, bestand darin, daß es sich um die zwei allerersten Stunden der Analyse handelte. Mit anderen Worten waren gleich zu Beginn der Analyse diese Edikte erlassen worden. Deshalb ähnelte unser Gespräch über die Art und Weise, wie mit einem solchen Patienten zu arbeiten ist, in meinen Augen etwas der Diskussion von Brandschutzbestimmungen mit einem armen alten Analytiker, der meint, er habe sich der Feuerwehr angeschlossen, nur um herauszufinden, daß er tatsächlich mitten in einem Feuer gelandet ist, um Freuds berühmte Analogie heranzuziehen. Mit anderen Worten handelt es sich bei diesen Situationen mit dieser Art von Patienten nicht um eventuell mögliche, sondern sie haben sich bereits eingestellt, und das ist so beunruhigend in der Analyse. Und deshalb handelt es sich um eine ganz andere Art von Patienten als die, über die man sonst spricht, wenn man darüber nachdenkt, wie man den Patienten dazu bekommt, authentisch zu sein oder wie man vermeidet, daß der Patient die Autorität des Analytikers akzeptiert. In dem Fall, über den ich spreche, besteht eine extrem delikate Situation, in der der Patient kaum ein Wort des Analytikers hören oder mit ihm in einem Raum sein kann, ohne in eine Krise zu geraten. Darauf wollte ich abheben. Ich möchte noch etwas hinzufügen. Ich denke, es fehlt etwas bei all unseren Diskussionen. Nämlich das, was üblicherweise der Todestrieb genannt wird – oder Anti-Lebenstrieb, manchmal auch destruktiver Trieb. Mit anderen Worten das Negative – was immer das auch ist. Minus K wurde erwähnt. Bion verstand darunter eine sehr mächtige grundlegende Feindseligkeit gegenüber jeglicher Bedeutung, jeglichem Wissen, Verstehen oder Unterscheiden, aber was es genau bedeutet, wurde nicht angesprochen.

Ein Teilnehmer fragt, ob Ron Britton noch etwas mehr zu dieser negativen und vielleicht angeborenen Kraft sagen könne.

Ron Britton: Freud sagte in *Triebe und Triebschicksale*, daß – auf die Welt bezogen – der Haß älter sei als die Liebe. Ich denke, diese Arbeit ist der Vorläufer dessen, was er später den Todestrieb genannt hat, obwohl er dies dort nicht beschreibt. Es gibt in uns allen etwas, was die Grundlage des – wenn man eine

Analogie wünscht – psychischen Immunsystems sein könnte. Es ist wahrscheinlich notwendig: es muß einer gewissen Funktion dienlich sein, sonst wäre es nicht vorhanden. Aber Immunsysteme können selbst Probleme verursachen, wenn sie beginnen, andere Teile des Körpers zu zerstören, das Selbst usw.

Ein Teilnehmer fragt nach dem möglichen Ursprung dieser sehr grundlegenden Schwierigkeit – sowohl im allgemeinen als auch im speziellen Fall von Rilke –, inwieweit ein Mißlingen der visuellen Beziehung zwischen Mutter und Baby in einem sehr frühen Stadium eine Rolle spielt.

Ron Britton: Nun zunächst zu dem speziellen Fall Rilke. Ein zentrales Thema von ihm besteht darin, aufzudecken, was er für seine Mutter empfand. Es gibt ein sehr interessantes unveröffentlichtes Gedicht von ihm und ich denke, er erreicht es durch eine Krise. Inwieweit helfen uns biographische Fakten? Ich weiß es nicht. Aber Rilkes Mutter hatte vor seiner Geburt ein totes Kind, ein kleines Mädchen, und als Rilke geboren wurde, nannte sie ihn Maria. Sie kleidete ihn auch als ein Mädchen, und sie machten zusammen Spiele, als ob sie Mutter und Tochter wären; diese Beziehung wurde im Alter von ungefähr sechs Jahren abrupt unterbrochen und es wurde entschieden, daß er nun Vaters Sohn sei, der ihn dann auf eine Militärakademie schickte. Aber ich denke, Sie sprechen einen allgemeineren Gesichtspunkt an, und ich gebe nicht vor zu wissen, wieweit es sich um Faktoren handelt, die die Empfindlichkeit des Kindes auf Trennung betreffen, oder inwieweit besondere Unfähigkeiten oder Projektionen, in diesem Fall der Mutter, beteiligt sind – offensichtlich liegt in den meisten Fällen eine Mischung vor, nicht wahr? Die Verbindung zum Sehen ist besonders interessant. Analytisch bin ich besonders beeindruckt von der Tatsache, daß in den extremsten Fällen dieser Art, die ich jemals angetroffen habe, die Frage des Sehens, Gesehenwerdens und des Blickes sehr zentral ist. Ich habe immer das Gefühl, dies liegt daran, daß es auf einer sehr grundlegenden Beziehungsebene zwischen Säugling und Mutter niemals möglich wurde, die visuellen Aspekte der Beziehung einzupassen. Ich denke an die Säuglingsbeobachtungen, bei denen man sieht, daß der Säugling Nahrung aufnehmen kann, aber nur mit geschlossenen Augen – oder auch an die gegenteilige Situation eines Säuglings, dem es möglich schien, lächelnd mit der Mutter in Beziehung zu treten, der aber nicht ertragen konnte, gefüttert zu werden. Es ist, als ob eine Art Spaltung in der einen oder anderen Weise zwischen einer inneren Beziehung wie der ursprünglich nährenden und dieser anderen äußeren stattfinde. All dies steht m. E. in Beziehung mit dem lebenslangen Kampf zwischen Subjektivität und Objektivität.

John Steiner: Hanna Segal wies kürzlich auf einen Gesichtspunkt hin, der die Entwicklung des Sehvermögens betrifft, den ich als äußerst interessant empfand: Sie wies darauf hin, daß sich das Sehen von den anderen Sinnen dadurch unterscheidet, daß es insbesondere die Wahrnehmung von Entfernungen ermöglicht. Auch liefert es ein sehr detailliertes Bild, welches viel mehr Einzelheiten vermittelt als das Hören, der Geruch und die Tastempfindung. Vor kurzem habe ich über die frühe Mutter-Kind-Beziehung vorgetragen, die man in erster Linie als eine orale, durch Mund und Brust vermittelte, bezeichnen könnte, und über die äußerst wichtige Rolle, die das Sehen darin spielt. Wir sehen, daß das Baby das Gesicht der Mutter beobachtet, wenn es an der Brust trinkt. Dadurch erhält es viel mehr Hinweise über den inneren Zustand der Mutter als durch die Brust. Das Gesicht der Mutter kann so viele nuancierte Ausdrucksformen annehmen. Sicher werden Angst, Aufregung oder Zufriedenheit der Mutter auf verschiedenen Wegen übermittelt. Die detaillierteste Information stammt jedoch vom Sehen, vom mütterlichen Gesicht. Es wird aber auch Abstand übermittelt. Darin liegt so etwas wie die früheste Version von dem, was Ron Britton als Wahrnehmung des ödipalen Dreiecks bezeichnet. Die früheste Version besteht darin, daß das Baby neben der taktilen, oralen Beziehung zur

Brust auch eine visuelle Beziehung zum Gesicht der Mutter hat. Ich nehme an, Ron Britton würde sagen, daß es hier, im Gesicht, bereits ihre Beziehung zum Vater sieht. Die Augen ermöglichen dem Baby, einen Abstand einzunehmen und eine getrennte Person zu sein, und natürlich haben sie ihre eigene Subjektivität.

Michael Feldman: Ich denke, ein Problem könnte nicht so sehr mit dem Sehen des Babys zu tun haben, sondern mit der Art, wie das Baby oder der Patient von der Mutter *gesehen wird*: ob man es mit einem zudringlichen, invasiven, verfolgenden Blick der Mutter zu tun hat, der alles mögliche in das Baby projiziert, oder ob auf seiten des Kindes eine besondere Empfindlichkeit für das Gesehenwerden besteht. Ron Britton gab eine sehr interessante Antwort, als er über Rilke sprach und dabei Zeugnisse aus dessen Lebensgeschichte streifte. Er sagt: »Seht, es handelte sich um eine solche Mutter. Wir haben Gründe anzunehmen, daß Rilke sich vor einer solchen Mutter schützen mußte.« Nun, ich denke, daß sich dies mit der ganzen Problematik des Grolls verbindet. Denn unsere Patienten versuchen so oft, sich irgendwie zu verteidigen, indem sie sagen: »Sie *sind* so. Es handelt sich nicht um eine Phantasie, um eine Einbildung von mir, Sie haben mich so angeschaut.« Oder: »Sie sprachen so zu mir, ich könnte Ihnen sagen, da war dieser oder jener Ton in Ihrer Stimme. Ich empfand die Deutung als hart oder verfolgend.« Wir geraten leicht in solche Kontroversen mit unseren Patienten. Und ich denke, es ist wichtig, ob wir es mit einem Patienten zu tun haben, der es beispielsweise nicht ertragen kann, angesehen zu werden, weil ihn dies auf einen bestimmten Ort oder eine bestimmte Befindlichkeit festlegt, oder ob es sich um einen Patienten handelt, der aus verständlichen Gründen – sei es im Zusammenhang mit seiner Lebensgeschichte oder mit seiner Gegenwart – das Gefühl hat, er würde auf feindselige, zudringliche, verfolgende oder verführerische Weise angeschaut. Ich bin erstaunt, wie viele dieser verletzlichen Patienten den Vorgang des Angesehenwerdens als etwas sehr Bedrohliches erleben – nicht nur, weil es aufdringlich ist, sondern weil es mit dem von mir zitierten Argument aus der Arbeit Hanna Segals zu tun hat, wo sie sagt, daß das Denken der Allmacht der Phantasie eine Grenze setzt. Nun ließe sich meines Erachtens dasselbe über das Anschauen sagen: daß einer der Gründe, warum es der Patient so unerträglich findet, wirklich angesehen zu werden, mit den Grenzen zu tun hat, die damit seiner Omnipotenz gesetzt werden, hier oder dort zu sein, diese oder jene Identität anzunehmen. Das Gefühl, daß jemand sie wirklich ansieht, sehen und wissen kann, stellt für diese Patienten eine Bedrohung dar. Und dies nicht deshalb, weil es sich um einen feindseligen, verfolgenden Angriff seitens eines Analytikers oder einer elterlichen Figur handelt, sondern weil es der Allmacht ihrer Wünsche Grenzen setzt.

John Steiner: Aber das ist kniffelig, und zwar deshalb, weil wir nur schwer wissen können, ob das Problem in erster Linie mit dem Hinsehen oder mit dem Angeschautwerden zu tun hat. Beschreibt man die Furcht des Patienten als eine Furcht, *angeschaut zu werden*, so scheint mir das mit der Diskussion im Zusammenhang zu stehen, die wir über das Benennen geführt haben. Denn ich denke, der Patient fühlt sich durch die Mutter oder durch den Analytiker benannt. Die Autorität des Analytikers könnte eine wahnhafte sein – leider ist es eine reale Möglichkeit, daß dem Kind die mütterlichen Wahngedanken aufgezwungen werden. Deshalb könnte die eine oder andere Art, in der Kleinianer reden, als *wüßten* sie, wahnhaft sein; und aus diesem Grund muß man in der Lage sein, die Autorität des Analytikers in Frage zu stellen. Wenn man nun ein kleiner Rilke mit seiner Mutter ist, so fällt es nicht leicht, diese mächtige Projektion zurückzuweisen. Es scheint, hier besteht ein wirkliches Problem, dem sich das Kind gegenübersieht, wenn es ihren Standort in der Wirklichkeit verstehen will.

Michael Feldman: Das ist absolut richtig. Ich denke, es handelt sich um ein Problem, dem sich jeder Patient mit jedem Analytiker gegenübersieht: Ob es ein Hinsehen ist, das durch die Präkonzeptionen und Vorurteile des Analytikers sowie durch dessen eigene Bedürfnisse und Projektionen geprägt ist, oder ob es sich um ein Hinsehen handelt, das davon relativ frei ist, dafür aber auf etwas gerichtet ist, das der Patient nicht ertragen kann. Meines Erachtens haben wir immer damit zu kämpfen, und es gibt letztlich keine Lösung.

Ein Teilnehmer fragt sich, ob es das Hinsehen oder das Erblicktwerden ist, welches der kindlichen Allmacht Grenzen setzt.

John Steiner: Das ist der Punkt, an dem ich mit Michael Feldman nicht übereinstimmte. Vielleicht geht es nur darum, es klar auszudrücken. Mir scheint, daß das *Hinsehen* der Phantasie Grenzen setzt. Angeschautwerden begrenzt die Phantasie nicht. Dies geschieht durch Wissen, das durch Beobachtung vermittelt wird. Wenn wir eine Deutung geben, sagen wir dem Patienten: »Wenn Sie hinschauen, werden Sie sehen, ob Sie mit mir übereinstimmen oder nicht.« Der Patient jedoch haßt dies. Er sagt: »Das interessiert mich nicht – ich will wissen, was Sie denken. Bin ich in Ihren Augen gefährlich, häßlich oder schön?« Der Analytiker versucht zu sagen: »Ich bemühe mich, Ihnen keine Meinung, sondern eine Deutung zu geben – ich möchte, daß *Sie selbst* hinsehen.« Meiner Ansicht nach handelt es sich hier um einen Bereich, in dem Konflikte mit dem Analytiker ausgetragen werden.

Ron Britton: Könnte ich gerade noch Rilke etwas mehr zur Frage des Hinsehens sagen lassen? Es geht um einen Zeitabschnitt, in dem Rilke eine Entwicklung durchlief, nämlich um jene Zeit, als er für einige Jahre nicht in der Lage war, an den Duineser Elegien weiterzuschreiben. Gequält schrieb er gerade jene wenigen fragmentarischen Gedichte, die nicht veröffentlicht wurden. Er befand sich in einer Art Selbstanalyse. Daher ist es interessant, jenes Gedicht anzuschauen, das dem über die Mutter folgt. Es lautet: »Wendung«, ist ebenfalls unveröffentlicht und wird von ihm als Wendepunkt betrachtet. Er spricht darin über die Allmacht seines Blickes. In seinen Worten ausgedrückt: »Türme schaute er so, daß sie erschraken: wieder sie bauend, hinan, plötzlich, in Einem!« Dann spricht er davon, wie er seine Augen benutzte, um die Welt in Besitz zu nehmen. Und an einer sehr traurigen Stelle des Gedichts verzichtet er darauf und sagt: »Denn des Anschauns, siehe, ist eine Grenze«; es gelte nun das zu tun, was er »Herz-Werk« nennt. Dann fügt er hinzu, daß die Welt in Wirklichkeit nicht bloß betrachtet, sondern geliebt werden will. Dabei sprach er über sich selbst. Doch ich denke, er war an dieser Stelle mit seiner Mutter identifiziert und rang mit der Vorstellung, daß er diese Art des Hinsehens selbst übernommen hatte und versuchte, sie aufzugeben. Interessanterweise ändert sich danach die Form der Elegien insgesamt und nimmt einen depressiven Zug an, um in den großartigen Gedichten über die Klagen zu enden.

Gerne würde ich auch auf den von Michael Feldman erwähnten Gesichtspunkt zurückkommen, den ich für sehr wichtig hielt und auf den noch nicht genügend eingegangen wurde. Es geht darum, wie wir uns in der Situation verhalten, in der der Patient traumatische Erfahrungen oder Probleme fast wie einen Hinderungsgrund [barrier] in die Analyse einbringt, oder wo es reale Traumen, Entbehrungen oder Benachteiligungen gegeben hat. Ich denke, daß dies eine Situation erzeugt, die ich als eine Situation des »Wenn nur« bezeichne. Die Phantasie lautet: »Wenn ich nur nicht diese Benachteiligung gehabt hätte«, oder: »Wenn nur meine Mutter anders gewesen wäre«, oder: »Wenn mich mein Vater nur nicht geschlagen hätte.« In dem »Wenn nur« liegt eine gewisse Wahrheit in dem Sinne, daß man darauf antworten könnte: »Ja, dann wäre alles viel besser gewesen.« Tatsächlich verfolgt der Patient aber häufig eine andere Theorie. Sie lautet: »Wenn es nur nicht so gewesen wäre, hätten sich alle meine Träume erfüllt.« Oder: »Wenn es nur nicht so gewesen wäre, hätten sich alle meine ödipalen Träume erfüllt.« Damit handelt es sich um Fälle, die äußerst schwer zu behandeln sind, weil so sehr an der omnipotenten Phantasie festgehalten wird, es gebe nur ein einziges Hindernis, das deren Erfüllung im Wege steht. Ich erinnere mich sehr gut an eine Patientin, die seit ihrer Kindheit unter einer Behinderung litt und deren Mutter in wohlmeinender Absicht eine gewisse Omnipotenz in ihr nährte. Die Patientin konnte tatsächlich nicht sehr gut gehen. Als sie zur Schule ging, hatte die Mutter wirklich gutgeheißen, daß sie, wie die anderen Mädchen auch, Ballettunterricht nehmen sollte. Ihr ganzes Leben verlief entlang einer solchen Linie. Die Analyse war etwas Außergewöhnliches und erwies sich für sie als ungeheuer schwierig, weil sie zu einem weiteren Hindernis wurde. »Wenn nur der Analytiker anders wäre.« Die endlose Fortdauer der Phantasie, das »Wenn nur ...« alles anders wäre, ist etwas, womit man ganz besonders schwer zu ringen hat.

John Steiner: Ich denke, daß dieser Gedanke ganz im Mittelpunkt von Michael Feldmans Referat steht. Meiner Auffassung nach betonte Michael aber nicht nur, welches Hindernis dies darstellte, sondern um welch *destruktives* Gefühl es sich dabei handelt. Er zitiert Isaiah Berlin mit der Bemerkung, daß dies die Grundlage aller Vorstellungen bildet, die Gesellschaft könnte anders sein, wenn man sich nur derjenigen Menschen entledigen könnte, die wir nicht mögen.

Michael Feldman: Wie ich es verstehe, spricht Ron Britton von einem wirklichen Haß auf die Realität. In zwei kurzen Arbeiten beschreibt Money-Kyrle, was er die »Tatsachen des Lebens« nennt, zu denen die Unterschiede zwischen den Generationen, die Wirklichkeit des Todes und der Wert der Brust als letzter Quelle alles Guten gehören. Es ist die Wirklichkeit dieser Lebenstatsachen, die gehaßt wird. Der Gesichtspunkt, auf den wir alle hinweisen, ist derjenige, daß diese Patienten (oft in recht verkleideter Form und in einer Art Propaganda vorgetragen) hierzu eine Alternative anbieten. Manchmal kann dies, wie Ron

Britton sagt, die Form eines »Wenn nur« annehmen, wie zum Beispiel: »Wenn nur seine Patientin das Handikap, einen solchen Analytiker zu haben, loswerden könnte und einen Analytiker fände, der sie in eine Ballettänzerin verwandelte.«

Ron Britton: Meines Erachtens sollte man sich in Erinnerung rufen, daß wir alle damit leben müssen: Wir können beispielsweise die Realität, wie unsere Patienten sind, hassen und diesbezüglich auch Wunschvorstellungen haben. Jemand warf vorher die Frage auf, ob einer von uns klinische Erfahrungen mit einer Situation gehabt hätte, in der Anti-Bedeutung in extremer Weise manifest war. Was mir erneut auffiel, war der Umstand, daß wir über zwei recht unterschiedliche klinische Bilder sprachen. Mir ging es darum, über sehr schwierige Situationen zu sprechen, in denen sich der Patient in einer Krise befindet. Der andere Typ Patient, über den wir sprachen, hat dies alles in Groll oder einer anderen Strukturierung zusammengebunden, so daß alle diese Kräfte, die gegen das Leben gerichtet sind, in einer Art Scheinstruktur [rather false structure] aufgefangen sind. Begegnet man Patienten, bei denen solch destruktive, gegen das Leben gerichtete Kräfte am Werk sind, in der ersten, extremeren Situation, so sieht man sich einem Patienten mit entsetzlicher Angst gegenüber. Die gegen das Leben gerichtete Kraft ist jetzt nicht Teil des Ich: Sie ist für diese Patienten nicht etwas Ichsyntones, sie erleben sich einem Angriff ausgesetzt und sind entsetzt, was ihre Psyche mit ihnen macht. Sie sind voll panischer Angst, oder anders ausgedrückt, ihre Psyche ist im Begriff, sie zu überwältigen. Wahrscheinlich trägt jeder Patient diese Macht in sich, ist ihr aber auch ausgeliefert und hat deshalb Angst vor ihr. Auf die eine oder andere Weise versucht er, mit ihr fertig zu werden. Man muß in der Lage sein, beide Seiten anzuerkennen. Dies wollte meiner Auffassung nach Klein hervorheben, als sie sagte, alle Deutungen sollten ausgewogen sein. Eine andere, überaus schwierige Situation entsteht, wenn der Patient die positiven und nachdenklichen Seiten von sich in den Analytiker projiziert.

Dann hat der Analytiker mit der Macht von -K zu ringen, wobei der Patient all dieses Wissen, Kennenlernenwollen usw. von außen angehen und sich ihm von da aus besser widersetzen kann. Darin bestehen die analytischen Schwierigkeiten, wenn man es mit der Aufgabe zu tun hat, die eine Hälfte des Patienten zu repräsentieren.
Ich wollte noch auf John Steiners Argument zurückkommen, daß es zumindest auf psychischer Ebene wenig Sinn macht, zu denken: »Wenn ich nur mein Objekt töten könnte«, sondern daß eine bestimmte Handlung stattfinden muß, damit Wiedergutmachung möglich wird. Ich denke, daß dies in psychischen Begriffen das Phänomen des Glaubens ausmacht. *Glaubt* der Mensch, etwas getan zu haben, dann ist es in einem psychischen Sinn – im Gegensatz zur bloßen Vorstellung – auch geschehen. Vor kurzem hatte ich eine Patientin, die John Steiners Vortrag hörte und über diesen Punkt sehr erstaunt war, weil erst kürzlich in der Analyse etwas geschehen war. Die Patientin hatte von Zeit zu Zeit sehr große Schwierigkeiten, die Analysesitzung in einem Zustand zu verlassen, in dem sie mich haßte, und dann zurückzukommen. Daraus entstand eine Art regelmäßig wiederkehrender Groll. Dieses Mal hatte sie bereits angemerkt, daß etwas anderes geschehen war. Sie sagte, sie hätte zum allerersten Mal eine richtig bildhafte Vorstellung in sich gehabt, wie sie mit einem Messer auf mich einstach. Und zum ersten Mal hatte sie das Gefühl, sich vorwärts bewegt zu haben, anstatt in ihren Groll zu verfallen. Hinterher empfand sie starke Gewissensbisse, da sie glaubte, wirklich etwas getan zu haben: Es war etwas, das wirklich geschehen war. Was sich tatsächlich ereignet hatte, war, daß sie sich ganz der Vorstellung hingegeben hatte. Anders ausgedrückt: Es handelte sich in diesem Moment nicht um eine Annahme unter Vorbehalt, sondern um ein stark ersehntes und visualisiertes Ereignis.

John Steiner: Meiner Auffassung nach haben diese Probleme mit der Hoffnung zu tun, die auf die Zukunft gerichtet ist und die manchmal mit einem fast wahnhaften Haß auf die Gegenwart verbunden ist, weil es so aussieht, als ob sich die Verhältnisse erst in der Zukunft ändern würden. Wiedergutmachung hat es dagegen zuallererst mit der Gegenwart zu tun. Ich denke, daß es sich dabei um ein sehr schmerzliches Konzept handelt, das mit der Bevorzugung der paranoid-schizoiden Position zu tun hat.

Michael Feldman: Hier besteht meines Erachtens ein Paradox. Henry Rey hat Interessantes über die Situation geschrieben, in der der Patient sagt: »Wie kann ich denn meiner Mutter gegenüber Wiedergutmachung leisten – sie ist doch schon vor zehn Jahren gestorben?« Es ist wichtig zu erkennen, daß das Zustechen, die Wiedergutmachung, die Angriffe oder die Fürsorglichkeit in gewisser Weise in der Gegenwart stattfinden. Es gibt sowohl den Mythos, daß sie in der Vergangenheit stattfanden, wie auch den Mythos, daß es zu einem unbestimmten zukünftigen Zeitpunkt dazu kommen wird. In Wirklichkeit hat man es dagegen mit wiederholten Zyklen von Destruktivität und Wiedergutmachung zu tun. Dies berührt die Frage, wie man mit einem Traum umgeht: Ist ein Traum ein Ereignis aus der vergangenen Nacht oders stellt er etwas dar, was sich gerade in der Sitzung abspielt? Man kann sich mit den Dingen nicht in der Vergangenheit oder in der Zukunft beschäftigen, sondern nur, wenn sie mehr oder weniger aktuell gegenwärtig sind.

Ein Teilnehmer fragt, wie die Vortragenden über die beharrliche Art und Weise denken, in der Menschen Utopien hervorbringen: Stellt dies immer ein Ausweichen gegenüber der Wahrheit der aktuellen Realität dar?

Ron Britton: Ich würde gerne ein Wort für die Hoffnung einlegen – etwa in dem Sinn: »Wo es Leben gibt, gibt es auch Hoffnung«. Damit meine ich, daß Hoffnung in der Analyse meiner Auffassung nach nur durch Ausdauer [perseverance] ausgedrückt wird. Hoffnung drückt sich in dem Glauben aus, daß die Auseinandersetzung mit der Wahrheit etwas Gutes bringt. Freud sagte, auch wenn die Psychoanalyse kein Wertesystem enthalte, so halte sie doch unbeirrbar an der einen Tatsache fest, daß die Wahrheit etwas Wertvolles sei. Ich erinnere mich, als Hanna Segal bemerkte, sie – und ich denke wir alle – wäre noch weiter gegangen und hätte formuliert, die Psychoanalyse glaube daran, daß die Wahrheit therapeutisch sei. So placken wir uns in der Hoffnung ab, es sei besser, zu wissen als nicht zu wissen, und es sei besser, die Wahrheit zu kennen als an eine angenehmere Vorstellung zu glauben. Meine Gedanken zur Utopie sind nicht theoretisch: Der Utopist in der Analyse ist der Patient, der glaubt, in dieser Analyse die Utopie gefunden zu haben. Der Analytiker ist sich auf beunruhigende Weise bewußt, daß diese Utopie nicht viel von dem umfaßt, was tatsächlich vor sich geht oder wie der Analytiker wirklich ist. Ich kann mich an eine solche Situation erinnern, in der sich der Patient in einer utopischen Vorstellung befand und ich das Gefühl hatte, daß diese tatsächlich nur einen ganz kleinen Ausschnitt [sliver] meiner Identität enthielt. Das meiste von dem, was ich über meine Existenz wußte, konnte in der Utopie keinen Platz finden. So bezog sich dieser Patient nur auf diesen winzigen Ausschnitt. In dem Augenblick, in dem dieser sich erweiterte, befanden wir uns natürlich in der Hölle, und ich denke, daß diese beiden Orte irgendwie miteinander zu tun haben.

Überarbeitung des Tonbandtranskripts von Richard Rusbridger.
Aus dem Englischen von Claudia Frank und Heinz Weiß.

Autoren

Ronald Britton, Dr. med., (M. B., B. S., M. R. C. P. Psych.) arbeitet in privater Praxis. Er ist Lehranalytiker der Britischen Psychoanalytischen Gesellschaft und war früher Leiter der Abteilung für Kinder und Eltern an der Tavistock Klinik in London.

Michael Feldman, Dr. med., (B. A., M. B., B. S., M. R. C. P., M. Phil., F. R. C. Psych.) ist Lehranalytiker der Britischen Psychoanalytischen Gesellschaft. Er arbeitet in privater Teilzeitpraxis und ist Consultant psychotherapist am Maudsley Hospital in London.

John Steiner, Dr. med., (M. B., Ch. B., Ph. D., F. R. C. Psych., D. P. M.) ist Lehranalytiker der Britischen Psychoanalytischen Gesellschaft und arbeitet in privater Praxis. Früher war er Consultant psychotherapist an der Abteilung für Erwachsene der Tavistock Klinik. Sein besonderes Interesse gilt Borderline-Patienten. Er war Präsident der Vereinigung für psychoanalytische Psychotherapie im nationalen Gesundheitsdienst.

Herausgeber

Claudia Frank, Dr. med., Ärztin für Neurologie und Psychiatrie, Psychoanalytikerin (DPV), Oberärztin an der Abteilung für Psychoanalyse, Psychotherapie und Psychosomatik der Universität Tübingen. Veröffentlichungen zur Behandlungstechnik und Geschichte der Psychoanalyse sowie zur Bedeutung von Sophokles' Antigone.

Heinz Weiß, Prof. Dr. med., Psychoanalytiker und Facharzt für Psychotherapeutische Medizin, Oberarzt am Institut für Psychotherapie und Medizinische Psychologie der Universität Würzburg. 1992/93 visiting scientist an der Tavistock Klinik, London. Veröffentlichungen zur Theorie, Geschichte und Behandlungstechnik der Psychoanalyse sowie zur neurologischen Psychosomatik.

Joan Riviere
Ausgewählte Schriften
Herausgegeben von Lilli Gast

255 Seiten - gebunden
DM SFr 36,- / öS 267,-
ISBN 3-89295-606-5

Der vorliegende Band versammelt sieben große Arbeiten von Joan Riviere. Vier davon liegen erstmals in deutscher Übersetzung von Elisabeth Vorspohl vor. Die Auswahl dokumentiert das weitgespannte thematische Spektrum der im besten Sinne des Wortes leidenschaftlichen Psychoanalytikerin Joan Riviere. Lilli Gasts ausführlicher biographischer Essay würdigt sie als Pionierin der englischen Psychoanalyse. Zugleich bildet dieser Band den Auftakt für eine neue Reihe, die in loser Folge der Wieder- und Neuentdeckung verdienstvoller Theoretikerinnen der Psychoanalyse gewidmet ist. Diese Schriften wieder zugänglich zu machen, dient nicht nur dem historischen Interesse, sondern auch der Absicht, vergessene, aber fruchtbare Ansätze wieder in die theoretische Diskussion einzuführen. Jedem Band wird eine ausführliche biographische Einführung sowie ein vollständiges Werkverzeichnis beigegeben.

Inhalt

---

edition diskord
Schwärzlocher Str. 104/b - 72070 Tübingen